"三实教育"顶层设计与实施

高玉库 ／主编

中国出版集团 现代出版社

图书在版编目(CIP)数据

"三实教育"顶层设计与实施 / 高玉库主编 . —北京：现代出版社，2021.7

ISBN 978-7-5143-9369-9

Ⅰ.①三… Ⅱ.①高… Ⅲ.①中学教育—研究 Ⅳ.①G63

中国版本图书馆CIP数据核字（2021）第146300号

"三实教育"顶层设计与实施

作　　者	高玉库	
责任编辑	窦艳秋	
出版发行	现代出版社	
地　　址	北京市安定门外安华里504号	
邮政编码	100011	
电　　话	010-64267325　64245264	
网　　址	www.1980xd.com	
电子邮箱	xiandai@cnpitc.com.cn	
印　　制	北京政采印刷服务有限公司	
开　　本	710mm×1000mm　1/16	
印　　张	11	
字　　数	176千	
版　　次	2021年7月第1版　2021年7月第1次印刷	
书　　号	ISBN 978-7-5143-9369-9	
定　　价	45.00元	

编 委 会

目 录
CONTENTS

第一章

高瞻远瞩开新篇

"三实教育"带来学校新气象

高玉库

深圳市第二高级中学（以下简称"二高"）成立于2007年4月，是一所寄宿制公办高中。学校在成立之初提出了"以尊重的教育培养受尊重的人"的办学理念，确立了"阳光、进取、平实、包容"的二高校训。

二高2020年根据《中国学生发展核心素养》提出了核心素养要素（见图1），又结合二高实际，提出了"君子风范、家国情怀、身心和谐、健行美善"的育人目标。

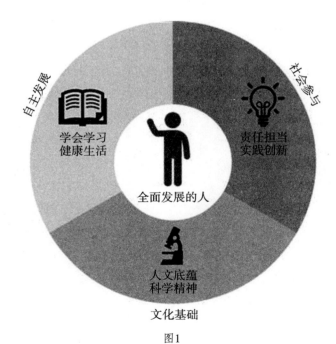

图1

　　这些口号的提出无疑是好的，然而，纵观教育现状，有许多好的教育计划、教育理念常常在教育理论上被"合理"地论述多，而在教学实践中被"合理"地实践少。我认为，造成这种结果的原因很多，但一个重要的原因是这些好的理念在实际操作中没有规范，缺乏衡量的标准。任何事情都要做细、做精。说了，不等于做了；做了，不等于做好了；做好了，不等于做细了；做细了，不等于做精了。为避免"以尊重的教育培养受尊重的人"的办学理念只停留在口头上，保证这个理念在学校教育教学实践中落实、渗透，2016年，我们提出了"三实教育"理念。"三实"，即真实、扎实、朴实。所谓真实，就是指与客观事实相符，不假；所谓扎实，就是指踏踏实实，一步一个脚印，不虚；所谓朴实，就是指质朴实在，不花言巧语，不装。如今，走进二高，穿行在校园的文化长廊中，流连于楼前楼后的宣传栏，人们就会发现，有两句话出现频率最高："以尊重的教育培养受尊重的人""践行'三实教育'理念"。前者是行动目标，后者是行动措施。无论多么高屋建瓴的理念，如果止步于理论或口号，终究只是无意义的空谈。尊重，谁都可以说，谁都会说，将其贯穿教育教学和学校管理的全过程，才是办学的关键所在。一所学校的决策团队的高明之处不仅仅在于能提炼出先进的教育理念，更在于能将这个理念落实到行动中，融入师生的灵魂。我们怎么做？我们就是用"三实教育"理念去落实"尊重"教育，可以说，"三实教育"是"尊重"理念的具体化、课程化、行为化。如今，"三实教育"辐射整个校园，深深根植于校园的一花一木、一墙一瓦之中，潜移默化地影响校园中的每一个教师和每一个学生。我们将"三实"具体化为实施的"八个纬度"，从不同层面去推进"三实教育"，最终落实"尊重"理念，落实核心素养。

一、营造"三实"育人环境

　　我在经营一所学校，班主任在经营一个班级；回到家里，我们在经营一个家庭。我们实际上是在经营一个环境、一个氛围，这两者是相互的关系：好的环境会带来好的氛围，氛围不足，环境可以拯救，环境不好，有好的氛围也可能弥补，但总会有缺陷。我们说的校园文化也是一种环境、一种氛围。"蓬生麻中，不扶自直；白沙在涅，与之俱黑。"校园是有生命的，我们深知，办学环境对学生的影响很大。这就好像我们吃的泡菜，泡菜水的味道决定了泡出来的萝卜、白菜的味道。校园的自然环境和人文环境对学生的影响是潜移默化的。校园环境不同于其他文化性、商业性环境，它承载着人文历史的传承，是学生接受知识的场所，典雅、庄重、朴素、自然应该是其本质特征。因此，我们要求学校的校园环境布局也要做到真实、扎实、朴实：将学校的地理环境同人文环境相结合，即真实；将景观文化内涵同学校文化内涵相结合，即扎实；不到处张贴标语口号，不哗众取宠，而是随风潜入夜，润物细无声，即朴实。学校立足"三实"，突出"三实"，从环境建设入手，创设一个处处蕴含"三实"的校园氛围。深入大地、盘根错节、四季常青、树冠巨大、自然生长的榕树遍布校园，它平静、雍容、丰盛，像沉默的大山一样岿然而立，隐喻"真实、扎实、朴实"的学校文化，学校还专门聘请工程师设计园中园、静园：园中园有各种植物和高度仿真的动物，还有中国的地形地貌；静园茂林修竹、鲜花百草相互辉映，亭台连廊、水池喷泉相映成趣。两园景观自然朴素，天人合一，应天顺人。学生课余时在园内或漫步，或休憩，心情愉悦，怡然自得，这是"三实教育"在自然环境中的渗透。学校还把走廊分别命名为国学长廊、科技长廊、艺术长廊，扎扎实实地向学生展示真善美的文化，让学生一抬头就可以接触文化，一转身就可以学到知识。学校本着"让每一面墙壁都会说话，每一片树叶都是书签"的"三实教育"追求，从环境科学的角度出发，对校园做出科学规划，形成了安静的学习区、洁净的生活区、标准的运动区、幽雅的休闲区，整个校园形成了一幅包括园林景观、生态景观、人文景观的立体绿色画卷。通过这些，学校希望在"真实、扎实、朴实"的文化精髓的感召下，学生能做一个真诚真我的人、一个脚踏实地的人、一个谦逊朴实的人。

文化的经营，熏陶是最重要的方式，套用中国的一句古话，就是"有什么样的爹就有什么样的孩子"。漫步在二高的校园中，时时处处都被"三实"氛围感染，师生在这里循本心、顺自然、扬个性、砺品行，享有自尊，发展自信，积蓄着厚积薄发的力量。"细雨湿衣看不见，闲花落地听无声"，当师生时时呼吸着文化的空气，在清新、朴素、自然的校园里徜徉时，他们就能成就一个大写的人——做人有品格，做事有品相，学习有品质，生活有品位。

二、培养"三实"干部队伍

俗话说得好，"火车跑得快，全靠车头带"。干部队伍是学校的骨干与中坚力量。这里，我们借用《西游记》中一个关键人物的名字，即"白骨精"，每个干部都要做二高的"白骨精"。白，就是要清清白白做人，干干净净做事，要守住底线，守住红线，把勤政、廉政放在首位；骨，就是要成为学校的中坚力量，做教学的骨干；精，就是要做职场的精英，工作精益求精，实心、实干、实效。为此，二高十分注重培养真实、扎实、朴实的"三实"干部。所谓真实，就是干部待人要真实，不要虚情假意，而要肝胆相照；所谓扎实，就是干部做事要扎实，不要好高骛远，而要埋头苦干；所谓朴实，就是干部作风要朴实，不要骄奢淫逸，而要廉洁自律。

为保证干部队伍的真实、扎实、朴实，学校采取多项措施，加以推进。

1. 重选拔

在干部选拔的过程中，坚持德才兼备、群众公认、注重实绩和"公开、公平、公正"的原则，学校中层干部实行公开竞聘制度。首先成立学校干部竞争上岗工作领导小组、监督小组。接着制订竞聘方案，我们的干部都是按照下列程序选拔出来的：发布公告—组织报名—资格审查—竞聘演讲—问题答辩—现场测评—初定考察—聘前公示—批复聘用。这套选拔程序构建了一种能上能下、竞争择优的用人制度，把握了使用干部的第一关。

2. 立规矩

"无规矩，不成方圆。"干部选拔出来后，要给他们约法三章，定出规矩。

（1）我们要求干部要有五种意识。

① 合作意识。有这样一个故事，有一个人很想知道天堂与地狱有什么不同，他决心去看看，于是先去了地狱。他看见地狱里的人一个个骨瘦如柴，没精打采的。吃饭时，他们每人拿着两米多长的筷子，饭菜虽好，但由于筷子太长，夹到的饭菜送不到自己的嘴里，他们宁可饿着，也不愿想办法吃东西，所以日子过得很苦。他又来到天堂，他看见天堂里的人一个个白白胖胖的，精神焕发。吃饭时，他们和地狱里的人一样，每人拿着一双两米多长的筷子，饭菜和地狱的一样。不过天堂里的人用筷子夹着饭，你喂给我吃，我喂给你吃，人人吃得津津有味，日子过得格外快活。这个人看后明白了，原来天堂与地狱的生活条件没有什么两样，只是人的行为不一样：前者不合作，后者重合作，这才有了天堂与地狱的区别。

当今世界，团队的竞合精神已成为事业成功的重要因素，教育尤其要讲究合作精神。研究一个课题，需要小组合作；培养一名学生，需要各科教师合作；办好一所学校，需要校领导之间、领导与教师之间合作。在教学、德育、教科研工作中，虽有明确的责任分工，但没有死板的工作区域，校风不正，势必影响教风；教风不正，也必然影响学风。诸风不正，那学校的办学声誉和效能必然是短命的。所以，学校的干部队伍、学校各处室间，要做到有分有合，既要各司其职，又要高度配合。正如打球一样，既要到位，也要补位。

② 学习意识。曾经有人说，"现在的干部不好当，身体不好会被累死，办法不多会被逼死，能力不强会被急死"。这虽然只是调侃，但说明了如果我们不重视学习，不善于学习，就难以适应新形势，应对新挑战。《三字经》里说："玉不琢，不成器。人不学，不知义。"说明学习是处事的需要。孔子说："吾十有五而志于学，三十而立，四十而不惑，五十而知天命，六十而耳顺，七十而从心所欲，不逾矩。"说明学习是终身的事情。关于学习的价值，孔子说："好仁不好学，其蔽也愚；好知不好学，其蔽也荡；好信不好学，其蔽也贼；好直不好学，其蔽也绞；好勇不好学，其蔽也乱；好刚不好学，其蔽也狂。"意思是爱好仁德却不爱好学习，它的弊病是愚昧易欺；爱好智慧却不爱好学习，它的弊病是放荡；爱好诚信却不爱好学习，它的弊病是伤害自己和亲人；爱好直爽却不爱好学习，它的弊病是说话尖刻；爱好勇敢却不爱好学习，它的弊病是犯上作乱；爱好刚强却不爱好学习，它的弊病是狂妄自大。如此看来，学习还能治各种思想行为病。我们的领导干部要多读书、勤思考，做到思想上有修为、文化上有内涵、理念上有创新、管理上有建树。

③ 管理意识。干部要敢管、善管，学校要建立严谨有序的管理机制，完善制度文化，把管理机制落到实处。没有实效的事坚决不做，违背原则的事坚决不做，可做可不做的事尽量不做，对学校教育发展有利的事一旦决策一定要坚持做好，自己做不到的事不要教师去做。我们要努力强化干部就要服务、就要奉献的意识，大事讲原则，小事讲风格，用自己的品行、模范行动树立良好的群众威信和人格魅力。要求在"真实""扎实""朴实"上下功夫，将管理责任明细化、具体化，要求人人会管理，处处有管理，事事见管理。通过落实责任，变一人管理为大家管理，权力层层有，任务个个担，责任人人负，让每一名成员都成为管理的一部分，都能找到属于自己的管理坐标。管理一是要严谨。为什么德国产品质量都很好？缘于踏实的态度、严谨的过程和专业的精神。管理二是要细致，既要考虑细致，更要做细致。马云说过，再好的战略，不注重细节，那就是一堆废纸。管理三是要较真，执行过程中遭到阻力要敢于较真，遇到矛盾要勇于化解。

④ 竞争意识。"物竞天择，适者生存"，我国著名思想家严复早就对英

国博物学家、进化论的奠基人查理·达尔文提出的优胜劣汰的生物进化论学说进行了阐述。随着现代社会的进步和商品经济的发展，"竞争"这个概念也日益从自然界的范畴扩大到了整个社会生活领域的各个方面。实际上，竞争意识是人的个性成熟的表现，它是一种想要获得成功和试图考验自己能力的需求。美国心理学会的心理学家普遍认为：参与到竞争中去能使人增长才干、发挥力量。竞争意识的强弱关系到是否能将一个人的能力最大限度地发挥出来。

在校级干部的管理中，我们要融入竞争机制。否则，人浮于事，互相观望、互相推诿，工作就无法按时推进。有一个寓言故事，粮仓里有16只老鼠，不但偷吃粮食，而且闹得家里不得安宁，于是主人买来3只猫，让它们抓老鼠。三天三夜过去了，猫一只老鼠也没抓，16只老鼠仍旧在粮仓里闹腾。主人问猫："你们为什么不捉老鼠？"一只黑猫说："怎么捉呀？粮仓里有16只老鼠，而我们只有3只猫，三五一十五，平均每只猫捉5只老鼠，还剩一只谁捉呀？"白猫、花猫也连声附和。这时，主人的狗跑了过来，看见一只老鼠从旁边溜过，立即扑过去，把这只老鼠捉住了。3只猫见此欢声雀跃，连声对狗说："你帮我们解决了一个大难题。"这只狗见猫夸自己，趁势又去捉了一只老鼠。这下猫起哄了："你不是成心添乱吗？"那只黑猫说："现在还有14只老鼠，每只猫平均捉4只老鼠，三四一十二余二，先前只多一只老鼠，现在更麻烦了，多出2只老鼠，谁去捉？"3只猫把狗围了起来，非要狗再去捉2只老鼠。这时主人踢了狗一脚说："你捉什么老鼠呀，真是多管闲事。"据说，"狗拿耗子多管闲事"的俗语就是出自这个寓言故事。

就这个故事本身而言，如果主人激励猫，谁捉的老鼠多，就奖谁鱼吃，我想猫的积极性可能会大增。我们的管理中也有这种现象，有的管理者不肯主动做事，"一看二慢三进站"，工作疲沓无起色，这多与养尊处优、竞争意识不强有关，所以我们要引进竞争机制：一是在活动中竞争，通过活动来激发管理者的潜能；二是在榜样中竞争，进行自我审视，定期总结，评先表模；三是在自我更新中竞争，横比看趋势，纵比看发展。这样可以有效提高管理者的竞争能力。

⑤ 创新意识。创新是民族之魂，也是管理之魂。一个领导墨守成规、亦步亦趋，他的工作必然缺乏生机，抑或一团死水，抑或矛盾重重。柳州的两面针牙膏原来是"老牌子钢针"，后来在激烈的竞争中，销售量上不去，但调查显示使用人数未减，原因何在？在技术攻关中，有个技术人员建议把出口的直径

增大，果然不到一个月，销售量又上去了。因为人们在使用时，习惯将牙刷挤满，而牙膏开口直径变大，同样长的牙膏自然牙膏量就大了。这一创新解决了企业的效益问题。作为教育领导，有很多问题需要我们去解决，我们应该从提高管理效能的原则出发，多想"路子"，多加"点子"，少走"弯子"，少出"漏子"，工作独当一面，创造性地开展工作。

（2）我们要求干部找准自己的位置，做到在认识上定位，在思想上换位，在实践中补位，在工作上到位，在荣誉前让位。

① 在认识上定位。干部，上要对校长负责，下要对教师、学生负责。在工作中既要独当一面，为校长排忧解难，在重大决策面前又不能越位越权；对自己主管的工作负责，就是对校长负责，对学校负责，那种报喜不报忧、说好不说坏、文过饰非的恶劣作风，为我所深恶痛绝。因此在一些是非问题上，中层干部应该敢于真实地表露自己的意见。

② 在思想上换位。给自己定好位后，还应该时常做换位思考。我是干部，我希望别人怎样配合我？我是教师，我希望我心目中的领导是什么形象？经过反复思考，应该给自己定下目标：严于律己，提高学识；尽职尽责，勇于创新；团结同志，淡化名利；以公立身，自尊自律，并且在实践中落实自己的目标。

③ 在实践中补位。一位伟人说过："你要求别人怎样对你，你就要首先怎样对人。"这句话给人的启示是深刻的：作为干部，你希望别人配合你，那你也应该首先做到配合别人，遇到别的干部外出，要能主动承担日常工作；遇到非自己主管的其他工作，也能为别的领导补位，不让事情拖延。众人同心，其利断金，干部队伍凝心聚力是学校持续发展的重要保证，科室之间、部门之间，有时不好分清你我，需要齐心协力，共同维护学校大局。

④ 在工作上到位。干部对自己分管的工作应有很强的主动意识：一是要积极干，增强工作的自觉性、主动性；二是要自己干，亲自抓，一抓到底，不当二传手，不当甩手掌柜；三是及早干，以只争朝夕、时不我待的精神做一马当先的"急先锋"，不做坐而论道的"假名士"；四是科学干，遵从教育规律，遵循教育法规，摆正办学方向，规范学校管理，不盲干、不蛮干。

⑤ 在荣誉前让位。在责任面前，做到自己是学校干部，不推诿；而在工作中，自己又是普通一兵，除了尽心做事外，还应要求自己淡化名利，屈己让人。

3. 抓培训

为了提高干部水平，我们围绕学校可持续发展，科学设置培训内容，每学期会对干部进行培训。一是加强干部政治理论学习，以干部思想政治素质的提升强化学校可持续发展的政治保证。二是加强业务技能培训，针对不同的岗位需求，分类进行培训，增强干部推进学校可持续发展的工作能力。三是围绕办学模式、人才培养模式、教学模式、管理服务模式的改革，深入开展教育思想观念大讨论，提高干部办好学校的理论自觉性和行动自觉性，推动学校不断发展。

目前，学校已培养出了一批真实、扎实、朴实的干部队伍。他们想干事、敢干事、能干事，他们整体素质高，勤奋廉洁，管理能力强，在师生员工中有较高的威信。教职工对干部队伍的履职情况非常满意，每年测评的称职率和优秀率均在98%以上。

与此同时，学校党委旗帜鲜明讲政治，优化组织结构，夯实基层党组织建设基础；丰富学习形式，抓牢基层党组织建设准绳；抓好队伍建设，提升基层党组织建设效能。满怀豪情，真抓实干，开拓创新，为学校发展开创新局面。

三、打造"三实"教师团队

教师是学校的支柱，教师的"成色"决定了学校的"基色"。二高十分注重教师队伍建设。我认为，无名师无以成名校，好的学校，应该让教师"牛"起来。"牛"教师，要真实不虚伪，有高尚品德，可谓立德；要扎实不浮躁，有真才实学，便于立功；要朴实无华，不做作，不矫饰，善于立言。一句话，"牛"教师要真实、扎实、朴实，具有工匠精神。他们不忽悠教育，不忽悠改革，不忽悠学校，不忽悠家长，不忽悠学生，不忽悠自己的人格与教育的信仰。

1. 为打造"三实"教师队伍，学校以名教师工作室为平台，以课题研究为纽带，依托五个名教师工作室，建起了教师分层发展的"金字塔"，形成梯级发展模式

（1）塔基部分——刚入职或入职时间较短的年轻教师。对这部分教师利用"青蓝工程"进行栽培。

（2）塔身部分——校级或市级教坛新秀、优秀青年教师、优秀班主任、教学能手。组建"青年教师成长营"对这部分教师进行培训。

（3）塔颈部分——市学科带头人、市骨干教师、优秀教师。组建"中青年骨干教师发展促进会"对这部分教师进行培育。

（4）塔顶部分——省骨干教师、国家级优秀教师、特级教师等专家学者型教师。组建"教师发展论坛"对这部分教师进行进一步提升。

2. 为打造"三实"教师队伍，二高制定了《促进教师专业发展三年规划》，根据规划出台了《教师成长培养方案》，确立了不同年龄结构、不同教学经验教师成长的培养目标

（1）学习型教师。

学习型教师以终身可持续发展为学习目标，以自我实现作为人生更大的需求。具有扎实的学术根基、广阔的学术视野，不断更新自己的知识，有追逐学术前沿的意识，能把握教育教学的真谛，了解学生发展的规律，掌握现代化的教育理念。在学习中研究，在学习中发展，在学习中创造。

（2）研究型教师。

研究型教师具有较强的研究意识和研究能力，善于在教育实践中不断地发现问题、提出问题、分析问题和解决问题，并能自觉地运用先进的教育思想和方法指导教学实践，提高教育教学效果。

（3）智慧型教师。

智慧型教师能积淀丰厚的教育理论，将丰富的教学实践经验转化为教育智慧。在教育教学实践中专心学习、用心创造、静心育人、潜心研究、精心反思，以"润泽生命，启迪智慧"为己任，给予学生精神的引领、文化的底蕴、能力的提升、创新的发展、幸福的成长。

（4）专家型教师。

专家型教师站在教育改革的前沿和道德的高地，对某一领域的教育教学问题有综合、全面、深刻的把握。通晓所教学科的专业知识，具备丰富的教学实践经验。在教育教学上卓有成就，具有独立的科研能力、独特的教学风格、高超的教学艺术、自成体系的成熟的教学理论，能引领教学改革向纵深方向拓展，兼有学者、研究者、教育家的特质。

为打造"三实"教师队伍，二高千方百计为教师创设成长空间，让每一位教师都朝着自己的梦想，凭智慧走到一条适合自己的道路上。

地理教师潘国华对天文感兴趣，于是学校专门为他买器材、购设备，从一个天文社团开始，精心设计并逐步完善，建立了国内一流的天文探究实验室。2016年，潘老师开展了两次面向深圳市全体市民的天文科普讲座，得到了参加活动的市民的一致好评。

政治教师古永忠对书法和绘画情有独钟，于是学校让他在高一、高二专门开设汉字书写必修课和硬笔书法选修课。古老师还建立了"清风书画"工作室，吸引了很多学生和教师。

特级教师梁光明对组培实验感兴趣，于是学校创造条件，开设了生物组培实验室，不但带动了校内学生研究生物组培的兴趣，而且与香港友好学校进行合作交流，产生了很好的社会影响。

物理教师霍然对机器人感兴趣，于是学校专门开辟两间大教室，成立机器人工作室。机器人社团参加2017FIRST科技挑战赛中国深圳赛区、广州赛区和重庆赛区三个赛区的选拔赛，在比赛中获得优异成绩。其中，深圳赛区获得冠军联盟，广州赛区获二等奖，重庆赛区获三等奖。

信息教师周茂华对创客教育感兴趣，于是学校成立创客研究中心，让他负责。如今，学校的创客教育对全国创客教育产生了广泛影响，优秀学子吴子谦以其充满灵性的创意获得李克强总理的接见，2017年4月参加CM3国际青少年创客挑战赛包揽了所有奖项（特等奖，一、二、三等奖）

历史教师周建定对微课教学感兴趣，于是，学校专门拨出经费，让其开发微课课程，创建历史教学风云网站。

学校通过梯级发展模式、目标引领和创设教师发展空间，促进了各层次教师集群发展，如今，具有"三实"精神的教师队伍已初步形成，他们活跃在各自的岗位上，身体力行地成为"三实"文化有力的倡导者、践行者。他们以文化人、以德养人、以艺磨人、以情动人。

四、深化"三实"教研教改

教育需要科研，缺乏科研的教育只能是一种盲目的、低效的认知结果的堆积。为此，学校十分注重教研教改。为了将教研教改与学校实际结合起来，学校要求教研教改必须做到真实、扎实、朴实。教研要真实，不能搞假研究，不能虚构科研成果，要对教育教学有实际的指导作用；教研要扎实，既要注重成果，更要注重过程；教研要朴实，要基于学校问题、学校实际开展教研。

学校依据"以尊重的教育培养受尊重的人"的办学理念，确立了二高教育的行动策略：以"和蔼亲切每一个，博学精进每一个，智慧创新每一个，仁爱宽厚每一个，温文尔雅每一个，幸福体验每一个，和谐发展每一个，成就梦想每一个"的理念,培育学生的核心素养。

为体现教研教改的真实、扎实、朴实,教师要做到在研究中教学,在教学中研究,课堂教学要做到"四环四思"。"四环"体现为:教师备课设计要探究准备、探究实践、探究体验、探究发展。在"四环"的教学实践中,以反思性教学为突破口,提出教师的课堂教学要做到"四思",即探究准备——课前反思,探究实践——课中反思,探究体验——师生反思,探究发展——课后反思,集体反思。

为体现教研教改的真实、扎实、朴实,学校以特级教师精品课为引领,以人人奉献精品课为载体,以教育论坛为平台,以小课题研究为依托,深入开展教育教学研究,使我们的教师能"静下心来育人,潜下心来研究",做到"教学研究常态化、常态教学研究化",全体教师做到"人人有课题,个个能研究,学科出特色,研究出成果"。

为体现教研教改的真实、扎实、朴实,学校要求教师每学期做到"六个一":每学期写一个创新教学设计,每学期写一份课堂教学实录,每学期写一份课堂教学反思,每学期读一本教育专著,每学期写一本读书笔记,每学期写写一篇经验论文。

为体现教研教改的真实、扎实、朴实,学校狠抓科组建设,各科组在"三实教育"思想的指导下,认真教研,不断探索,形成了自己的教学理念。

(1)语文科组认为,"三实教育"思想下的语文课堂教学不是教师的才艺表演,而是学生思考、质疑、批判、发现、求证的过程。教师的教是为学生的学服务的。在课堂教学这个小小的舞台上,教师要始终把学生推上主角位置,安心扮演"绿叶",辅助和服务于学生的学习,让课堂教学成为学生的主场。要将课堂教学的大权交给学生:给学生一个空间,让他们往前走;给学生多点时间,让他们自己去安排;给学生一个题目,让他们自己去创造;给学生一个环境,让他们自己去探索。为此,语文科组构建了语文"待完满"课堂教学模式,实现了"二分天下""三实"课堂学科化。

(2)数学科组的"三实"教学模式坚持十个课程原则,即以学定教、先学后教、少讲多学、知情并重、当堂过关、控制难度、自主学习、主体参与、合作学习、切身体验,并且分别提炼出"自主理解消化型的知识新授课""自主交流展示型的知能提高课""自主构建知识网络型的章节复习课""自主弥补修正型的试卷讲评课"四类课型。

（3）英语科组为贯彻"三实"课堂理念，对高中三年的英语教学进行统一筹划，对三年教学中"教什么、怎么教""学什么、怎么学""练什么、怎么练""考什么、怎么考"进行通盘考虑，牢牢抓住"词汇循环积累—语法主干凸显—听说阅读领先"这条主线，为学生的后续发展做了良好的铺垫。

（4）物理科组教师认真学习实践"三实"课堂的教学模式，努力寻找符合学情的结合点，精心准备，激情参与，已经基本形成了"先学后教，当堂训练"的教学模式。

（5）化学科组本着"教学问题来源于生活，教学内容服务于生活"的理念，坚持采用"以实验为基础、以应用为目标、以学生为主体"的课堂教学模式，推进"三实"课堂学科化。

（6）生物科组秉承新课改提出的目标和方向，在认真解读新课标四个理念的基础上，结合学校"以尊重的教育培养受尊重的人"的办学理念，提出了"关注生命，着眼未来"的科组教学理念，引领科组建设，构建了问题导学课堂教学模式。

（7）政治科组结合政治学科的特殊性及多年来的实践探索经验，确定了"求真、务实、致用"的政治学科理念，以时代发展要求为出发点，以学生发展需要为核心，以教师成长为纽带，以学科特殊性为依托，锐意进取，有所作为。

（8）历史科组在学校真实、扎实、朴实先进教育理念的指引下，反复磨合，逐步形成了"以人为本，以史为鉴，尊重人格，守操格物"的教学理念，保证每节课全体学生都能动手做至少三道问答题，一字不漏、工工整整地写出来，不搞花架子。

（9）地理科组努力践行学校的办学理念和育人目标，积极投身于基础教育新课程改革的大潮之中，形成了"尊重师生差异，鼓励特色发展；尊重自然规律，探索高效课堂；尊重学生发展，培养现代公民"的教学理念，构建了"探究智慧课堂、自主合作学习"的课堂教学新模式。

（10）体育科组在学校真实、扎实、朴实先进教育理念的指引下，以"特色体育教学培养阳光健康二高学子"为指导思想，确立了"阳光健康、全面发展、凸显个性、终身体育"的学科教学理念。

（11）艺术科组在学校"三实"课堂教学理念的指引下，提炼出了音乐学科教学理念"发现音乐之美、感受音乐之美、创造音乐之美"，提出了美术学科教学理念：始终以美术素质文化为根本，以培养学生美术能力为目标。

（12）健康学科组由医务组和心理组构成，负责学生的身心健康。健康学科一直坚持进班教学，这是学校的一大特色。一直以来，健康课都受到学生的欢迎，学生满意度都很高。在学校的大力支持下，建立了"医学救护体验室"和"学生阳光成长中心"，学校先后获得了深圳市和广东省"巾帼文明岗""广东省心理健康特色学校"等称号。

如今的二高，有了一种浓郁的"三实"教研教改氛围。

五、实施"三实"课堂教学

课堂是教与学的主要场所，是落实"尊重"理念、核心素养的主阵地。二高坚持课堂的教育主阵地不动摇，通过多种方式打造高效课堂，积极追求真实、扎实、朴实的课堂。

真实即与事实相符。课堂符合学生的接受能力，所教的内容是学生希望得到的东西，教授的内容真实有效、不浮夸，这是一种真的教学；扎实即要求教学目标明确，内容不在多而在精，重在落实，重在掌握，重在理解，这是一种善的教学；朴实就是注重形式的互动为切实需要，不流于形式，不在流光溢彩而在朴实，这是一种美的教学。一名合格的教师，教学至少要做到真实，即真的教学；一名优秀的教师，教学既要做到真——真实，又要做到善——扎实，要将真的教学与善的教学结合起来；一名卓越的教师，就必须将真善美的教学完美融合起来，既真实，又扎实，还要朴实。

任何好的教学理念，没有学生的参与，都是不可能达成目标的。因此，围绕"三实"课堂，我们还要求教师上课实现"三个转变"：从教师的讲解精彩度转变为学生的参与度；从教学环节的完整性转变为教学结构的合理性；从课堂教学的活跃度转变为每个学生真正进入学习状态的参与度。

这三个转变实际上就是要求教师从"以教师为中心"的课堂转到"以学生为中心"的课堂，允许学生自由表达，"把课堂真正还给学生"，实现课堂的深刻变化，形成基于学生未来发展的真美课堂。体现玩的课堂——真思；围着学生转的课堂——真教；有鼓励的课堂——真爱；围绕问题交流的课堂——真学；落实目标的课堂——真会；能力发生变化的课堂——真懂。"三实"课堂教学如图2所示。

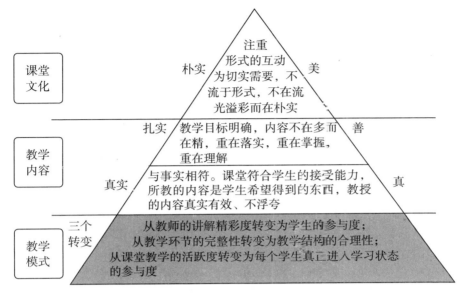

图2

"三实"教学，课堂文化突出合作性和互动性，教学内容突出真实性和扎实性，教学模式突出民主性和探究性。"三实"教学的实施使课堂教学发生了巨大的变化。曾经的课堂，一个"主角"，多个"听众"，一个课件，多人复制。曾经的课堂是"赶鸭子"，把学生统统赶进课堂，约束其精神和思想的自由，不考虑学生参不参与；曾经的课堂是"填鸭子"，强行把知识填入学生口中，不考虑学生能不能接受；曾经的课堂是"烤（考）鸭子"，用考试和分数对付学生；最终结果是使学生成为"板鸭"，把活泼、鲜灵的生命硬压成一只只定型统一的"板鸭"。现在的课堂，人人都是主角。课堂教学发生了四大转变：学生由被动接受型的"跟学"转变为任务驱动型的"自学"；学生由浅层次学习转变为深度探究性学习；学生由封闭式学习转变为开放性学习；学生由知识的"观众"转变为能力的"主演"。课堂教学实现了八个"度"：细化探究目标，教学有梯度；创设探究情境，学习有温度；落实探究实践，参与有维度；优化探究体验，体悟有厚度；精选探究练习，学习有效度；提升探究总结，思考有深度；拓展探究作业，研究有广度；关注探究评价，发展有宽度。

六、构建"三实"校本课程

遵照"国家课程校本化，校本课程特色化"的课程改革思路，学校在"以尊重的教育培养受尊重的人"办学理念的引领下，在开齐、开足、开好国家课程、地方课程的基础上，大力开发"三实"校本课程。课程要真实，要切合学生发展实际，要有整体的思考。课程体系建设不是简单机械地叠加，不同课程之间具有相互承接、有机融合的内在关联，我们要不断追求和努力实现"1+1＞2"的整体效益，进而帮助学生赢取一张张走向未来的"通行证"，并赋予学生可持续发展最强劲的动力与最丰富的可能。课程建设要扎实，要有长期的坚守。对课程建设，我们不能奢望立竿见影，它需要一个慢慢累积、不断深化的过程。追求课程结构化应该是一种"慢的艺术"，要不急不躁、不慌不忙，如此，一个日臻完善的课程结构才能像珊瑚礁一样，在海面下缓缓地累积而出。课程建设要朴实，要集思广益、群策群力，不要搞形式主义和花架子，在实施过程中，要做到活动多样化、内容多元化、管理规范化、评价科学化。根据"三实教育"理念，学校要求教师开发的课程要有选择性、灵活性、全员性、自主性、多样性。现在我们构建了包含基础课程、拓展课程、研究课程在内的具有二高特色的课程体系（见图3）。

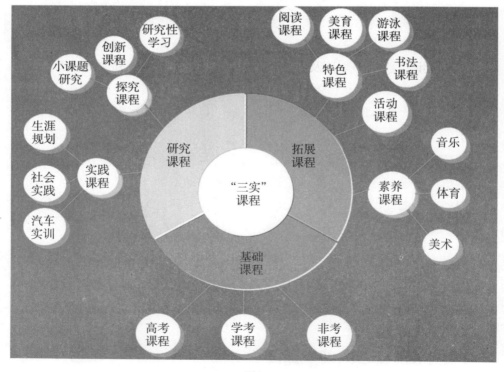

图3

在二高，我们实行"三证制度"。我主持工作以来，率先在二高实行"三证制度"，学生在完成全部国家课程、选修课程及相关的学分后，还不能拿到毕业证，还需通过学校的"三证"关方可毕业。"三证"即阅读证、汉字书写证及游泳合格证。

阅读是人终身发展的必备技能，提高生命的质量，从重视阅读开始。学校开设专门的阅读课，让学生学会阅读和赏析，为今后的发展奠定基础。

学校开设了汉字书写必修课，在日常考试的试卷里专门设有书写分，有专门的教师研究并传授汉字书写的技巧。

学校还要求每个二高学子获得游泳合格证。因为游泳不但是强身健体的好方法，更是关键时刻救命的本领。

在二高，国家普通高中课程方案中的信息技术和通用技术两门课程被开发出了数据库、移动互联应用、机器人、影视技术、服装设计与制作、厨艺等10多个模块课程。

在二高，体育课变成了田径、篮球、足球、排球、网球、击剑、武术、踢毽子、跳绳、游泳、艺术体操等10多个模块课程。

在二高，艺术类课程开发为中国画、油画、书法、合唱团、朗诵等多个模块。

除阅读证、汉字书写证及游泳合格证学生都要过关外，以上开发出的所有课程，学生都可以自主选择。

学校还大力推进学生社团建设，目前学校建立了70多个学生社团，从艺术、体育、科技创新、历史人文等各个方面为学生搭建起了多维度的成长平台，深受学生欢迎，甚至有的学生在初中就受到吸引而在中考时第一志愿填报二高。

当同类学校的学生每天埋头题海，为分数而无暇顾及其他时，二高的学生前所未有地根据自己的需要和兴趣选择学习内容，开始观照自己的梦想和未来。"三实教育"理念在校本课程开发实施中得到了真正的落实。

七、开展"三实"德育活动

康德说："什么是教育的目的，人就是教育的目的。"党的十八大提出，要把立德树人作为教育的根本任务。因此，教育的根本任务是立德树人。立人先立德，故德育工作应该摆在学校工作的首要位置。然而，怎样才能让德育工作落小、落细、落实，让德育工作接地气呢？

我以为，德育是一种渗透，是一种滋养，是一种温度，不是靠喊一句口号、说一句话就能实现的。德育一定要引导，一定要滋养，一定要有方向，一定要坚持不懈。换句话说，学校开展德育工作要做到真实、扎实、朴实。

德育的真实要体现真心、真我、真性情；德育的扎实要追求方法有效，充分体现"设计""滋养"和"雕琢"的用心；德育的朴实要摒弃喧嚣的华丽，还德育于质朴的本源。在"三实"德育理念的指导下，学校形成了独具特色的二高德育活动体系。

1. 德育模式自主化

学校成立"三级五部"，完善自主管理机构。在教师的指导下，学生通过个人自荐和民主选举的方式成立了"三级"自主管理机构——班级自主管理委员会、年级自主管理委员会与校级自主管理委员会。每级自主管理委员会又分为卫生礼仪部、劳动部、自律部、文体部、宿管部"五部"。

学生自主管理委员会以学生为主体，建立严密自主的管理体制，为习惯养成、活动设计、自我管理提供了有力保障。学生自主管理委员会具体负责各级各项行为习惯的检查、量化、评比、统计工作，使管理渗透学生生活的各个领域，真正形成了"人人有事做，事事有人做，事事都做好"的良好的"三实"德育管理格局。

2. 德育队伍网络化

德育工作网络以学校德育为主渠道，学校在德育网络建设中组建了由学校、社区、家长代表组成的三结合教育委员会，成立了家长委员会和家长学校，定期开会、协商。家长学校每年至少授课两次，提高家长教育子女的水平与能力。级组每学期至少召开一次家长会。班主任至少每年进行一次家访，并经常进行电话家访。学校开通了短信平台，学校、教师与家长随时进行短信交流。

学校成立了由校长任组长，分管政教的副校长任副组长，学生处主任、年级组长为成员的德育工作领导小组；建立了学生处—年级—班级的层级管理系统。在德育队伍建设中，以班主任为核心，协同科任教师、后勤管理人员组成全员育人格局。德育队伍网络化，"三实"德育得到了全面、立体的落实。

3. 德育活动主题化

学校在不同时期，根据各年段的不同情况，确定不同主题，开展系列化的教育活动。近几年，我们开展的主题活动主要如下。

（1）公民素质养成教育。

公民素质养成教育，如"我让父母感动的一封信"等书信比赛活动、5月

"校园艺术节"系列活动、革命传统教育活动、"养成教育月和强化训练月"活动、"18岁成人宣誓仪式"、义务献血活动、"心系祖国·健康成长"公民意识教育活动。这些活动对树立学生正确的世界观、人生观，引导他们不断增强社会责任感和历史使命感，培养其履行公民义务的意识和能力，起到了良好的作用。

（2）心理健康教育。

学校积极探索心理健康教育的新模式，心理健康教育进课堂，建立心理咨询室"蓝色小屋"，开展心理咨询和专题讲座，建立由心理教师、心理协会、各班心灵使者、班主任、科任教师、女生委员会组成的心理健康网络体系，及时疏导、化解学生心理问题，积极开展心理测量工作。对有异常心理现象的学生给予个别关注或辅导。学校被中国教育学会和中国科学院心理研究所命名为"全国心理教育百校工程科研基地"。

4. 德育工作学科化

要将德育工作做到真实、扎实、朴实，德育工作学科化是最重要的途径。为落实"三实"德育理念，学校出台了《深圳二高关于学科德育渗透的规定》，要求学科教学突出三个特点。

（1）确立德育教学目标，寓德育于学科教学之中。

（2）以育人为重点，在学科教学中注意培养学生正确的学习动机、学习态度、学习习惯和良好的学风与意志品质。

（3）学科德育渗透形成特色，突出思想政治课德育的主阵地作用。政治教师坚持以德育为首，运用多种适合学生特点的教学方法提高学生学习的积极性，培养学生正确的世界观、人生观和价值观；其他人文学科有计划地对学生进行爱国主义和理想教育；理科教学注意培养学生实事求是、勇于探索的科学精神，帮助学生树立辩证唯物主义的基本观点；艺术课努力培养学生正确的审美能力，提高其审美水平；体育课培养学生吃苦耐劳、昂扬向上的意志品质和集体主义精神。

德育工作的"四化"体系，让德育反映在学校的显性和隐性文化中，很好地落实了德育工作的"三实"理念。

八、加强"三实"后勤服务

学校后勤是以学校后勤服务为核心，以安全保障为基础，以维护部门职能活动正常运转为目标的一项重要工作。后勤工作几乎涉及学校工作的各个领域，包括校园安全管理、饮食卫生管理、财产物资管理、设备配备、设施维修、环境建设、水电维护、热水系统管理、消防管理以及大量领导临时交办的其他工作。后勤工作具有工作涉及面广、量大、要求高等特点。

当今的学校教育要求后勤工作不仅仅是管管"吃喝拉撒"和"头痛医头，脚痛医脚"式的被动服务，它要求学校后勤必须紧紧围绕学校中心工作，根据自身特点，积极主动创造性地实施后勤管理，服务育人活动。因此，后勤工作也必须做到真实、扎实、朴实。

1. 后勤服务要真实

后勤服务要真实，要为师生付出真爱，要始终把全校师生的呼声作为第一信号，把全校师生的需要作为第一选择，把全校师生的满意作为第一标准。

为促进后勤服务的真实，我们经常开展常态化的学习教育，不断增强服务育人理念：结合"两学一做"学习教育，积极开展"思想合心、工作合力、行动合拍"主题教育，组织人员到省内外学校学习交流，开阔眼界，使后勤队伍提高思想政治素质，强化"学校无小事、处处是教育，服务无空白、时时能育人"的工作理念，自觉在日常服务保障中言传身教，争当"不上讲台的教师"。

为促进后勤服务的真实，学校每年召开年度总结表彰大会，对奋斗在后勤工作一线的优秀员工进行通报表彰，凝聚人心，鼓舞干劲。

通过以上措施，学校的后勤服务工作更加真实，学校每一个后勤员工在日常工作中都始终真心实意地做到急师生之所急，想师生之所想，办师生之所盼，解师生之所怨，把兄弟姐妹情、父母长辈爱融入服务的全过程，以宽容之心体察师生疾苦，以关爱之情温暖师生心田。例如，学校是全寄宿制学校，学生一周才能回家一次，因此，学校要让学生有家的感觉。学生离家求学，生活中难免会有一种依赖心理。学校要求后勤工作人员满腔热情、无微不至地关心爱护学生，像良师益友一样关心学生的成长和进步，像父母兄姐一样把学生的温饱冷暖时刻挂在心头。现在，学校的学生宿舍管理由一名校领导亲自负责，由后勤部门主管。担任宿舍管理员的教师有爱心和责任心，做到耐心、细心，有丰富的学生管理经验。宿舍管理员每天晚上住在学生宿舍楼内，全面了解学生在宿舍内的情况，及时给予指导和帮助，解决学生的困难。真情的关怀、悉心的照顾，使学生有了一种家的感觉，有了一种归属感，能在校安心读书。

2. 后勤服务要扎实

后勤工作要使师生满意就必须做到扎实，就必须使师生对后勤服务看得见、摸得着、体会得到，用实实在在的服务、切切实实的关心来感染每一位师生。

例如，教室是学习的地方，后勤员工就应给学生提供一个安静清洁、明亮舒适的学习环境，使其能静心学习、增长知识；宿舍是学生休息的"家"，后勤员工就应为学生营造一个安全卫生、温馨优雅的住宿环境，让其好好休息、调节放松；食堂是就餐的场所，后勤员工就应为学生献上营养平衡、美味可口的菜肴，使其高兴而来、满意而归。总之，后勤员工应当坚持以人为本，自觉地、扎扎实实地把服务育人贯穿各项服务的全过程。

为保障后勤服务的扎实，我们采取了一系列措施。

（1）细化岗位职责，建立目标责任制，强化责任追究制。

我们坚持"职责明确、任务清楚、各司其职、协调配合、有条不紊"的原则，落实职责到岗到人，并坚持以有章可循、井然有序的管理影响人。

（2）明确项目服务规范，健全政务公开制度，保障师生的知情权和选择权。

后勤部门应主动公布服务项目、时间、收费标准、原料采购及人员变动等信息，使后勤服务透明化、可量化、能比较，便于师生衡量和选择。这样做能够充分体现后勤部门对师生的人文关怀。比如，建立学生公寓、浴室、饮食服务及校园物业和医疗卫生等服务质量标准。师生对照标准，既可以维护权利，又可以客观评价后勤服务绩效。这样做有助于推进后勤工作的扎实，提高师生的满意度。

（3）规范民主决策管理制度，完善监督制约机制，保障师生参与权与监督权。

后勤部门应积极听取、广泛采纳各方面的建议和意见，鼓励师生参与管理，主动接受师生监督，如成立教师后勤管理监督委员会，组建伙食管理委员会，举办伙食价格听证会，建立学生接待日制度，开设热线电话等。

现在，学校的后勤服务比以往做得更扎实了。例如，在日常保障工作中，食堂职工自觉做到穿着整齐，不留长发，不染指甲，工作时严格按卫生要求操作，并在各餐厅布置了餐厅卫生、节约粮食等宣传牌匾；倡导"光盘行动"，让文明就餐、节约用水、爱惜粮食的节俭之风成为习惯；每年秋季为迎接新生，维修人员不顾天气炎热，提前完成宿舍的门、窗、家具和水电设施的维修；保洁员提前打扫好卫生，以崭新的、清洁的校园环境迎接新生的到来；通勤车驾驶员为保证教职工的安全和准时上下班，每天提前赶到停车点仔细检查车况，做好发车准备。

扎实的后勤服务不仅密切了后勤员工与师生的关系，拉近了彼此的心灵距离，也使师生在接受优质服务的过程中有机会了解后勤工作，理解后勤员工，认同后勤员工的劳动价值，从而达到服务育人的目的。

3. 后勤服务要朴实

后勤服务要朴实，来不得半点花架子，要有润物无声之效。以校园环境为例，现代教育心理学认为：在人的性格形成的过程中，环境因素影响很大。学生的主要活动范围是学校，校园环境质量对育人效果会产生直接影响。从实用到艺术，从绿化、美化、净化到校园文化，都可以行"无言之教"，通过耳濡目染，对学生产生强烈的暗示性和渗透性作用。后勤工作人员通过自己的劳动，绿化、美化校园，创造优雅、整洁、有序的校园环境，不仅能改变校园环境的小气候，起到避风防尘、降低噪声、调节气温、净化空气等生态作用，还会直接影响学生的思想意识、行为规范和生活方式；不仅能提升学生的品质修养，还可以激发学生的美感，使他们在校园里快乐、舒适地生活，从而充分发挥自己的主观能动性，创造性地进行学习。

总之，后勤工作无小事，必须做到真实、扎实、朴实。对于一所学校来说，其品牌、声誉和社会地位除了由其培养的学生的素质与教育教学质量来决定外，学校的后勤工作也每时每刻都体现着学校的形象。广大师生的衣、食、住、行、学等无不与后勤服务工作有着密切的联系，后勤服务工作是"没有讲台的课堂"，后勤员工是"不上讲台的教师"，是服务育人的主体，每个后勤员工高水平、高质量的服务都能给学生一种榜样示范的作用和潜移默化的教育。

一个弥漫尊重而有文雅氛围的校园，一所安静而有责任的学校，一间宁静而有思想的教室，一名心情平静而有价值追求的教师，一群能自由思想而又能踏实前行的学生是我对教育的追求与期待。"三实教育"理念就是为实现这种追求与期待而采取的措施。长风破浪会有时，直挂云帆济沧海。

"三实教育"与学校党委建设

夏　媛

　　深圳市第二高级中学（以下简称"二高"）党委于2012年5月经市委教育工委批复（深教党〔2012〕8号）正式成立。在市委教育工委的正确领导下，二高党委紧紧抓住学校工作的中心，全面贯彻党的十八大、十九大精神，认真学习并深刻领会习近平总书记系列重要讲话精神，以对党的事业高度负责的态度，着力在学校党建工作中践行真实、扎实、朴实的要求，发挥政治核心作用，在强化党的组织建设、思想建设、制度建设、党风廉政建设和关爱帮扶等工作方面下功夫，重实效。二高党委把握学校发展方向，参与决定重大问题并监督实施，支持和保证校长依法行使职权，领导学校德育和思想政治工作，培育和践行社会主义核心价值观，维护各方合法权益，推动学校健康发展。根据市委教育工委的统一部署和要求，二高党委有计划地组织党员开展"党的群众路线""从严治党年""三严三实""两学一做""不忘初心、牢记使命""二高党员教师志愿者进社区送教育服务""纪律教育月"等主题教育活动，充分发挥各级基层组织和广大党员在教育活动与学校教育教学工作中的战斗堡垒作用和先锋模范作用，促进了学校工作的全面开展，促进了教师队伍建设的健康发展，促进了学生综合素质的不断提升，得到了上级主管部门和社会的广泛赞誉。市委教育工委书记为二高党员志愿者授旗，学校"党员教师志愿者进社区"活动被评为市委教育工委系统校园党员"1+1"活动25个精品书记项目之一，并向全市推广；校党委曾三次获深圳市教育系统"先进基层党组织"荣誉称号。

　　二高党委着力在如下五个方面落实"三实教育"要求，推动了学校党建工作的顺利开展。

一、扎实推进组织建设，落实党建责任制

中小学教育是国民教育体系的基础，担负着培养德智体美劳全面发展的社会主义建设者和接班人的重要使命。加强学校的党组织建设，对于全面贯彻党的教育方针、保证社会主义办学方向、落实立德树人根本任务、办好人民满意的教育具有重要的意义。

1. 扎实推进党委班子建设，推动党建责任制落实

二高党委是党在学校的战斗堡垒，目前二高党委班子由5名政治素质过硬、办事能力较强、群众基础良好的同志组成。作为党建工作"第一责任人"的党委书记高玉库同志是全国优秀教师、数学学科特级教师、深圳市名师、深圳大学硕士生导师、深圳市督学、深圳市数学学会副理事长、"全国优秀文学校园"优秀校长、全国中学百强文学社模范校长、全国新课程写作示范校模范校长，曾担任深圳市实验学校副校长、高中部校长、哈尔滨第三中学副校长等职务。高玉库同志始终坚持"党要管党、从严治党"的方针，用足够的时间和精力抓好党的建设，做到亲自抓、负总责；其他党委班子成员结合业务分工抓好党建工作，形成了"各负其责、有力有效"的党建工作格局。在高玉库书记的带领下，二高党委锐意进取、求真务实、团结协作，班子成员讲团结、讲奉献、识大局、以身作则，共谋学校发展蓝图。党委班子坚持"忠诚、团结、务实、开拓"的作风，努力成为"四个方面"的带头人：勤政廉政的带头人、遵纪守法的带头人、勇挑重担的带头人、科研兴校的带头人。在议事决策上执行"集体领导、民主集中、会议决定"的制度，为学校教育教学保驾护航。

2. 选优配强支部书记，扎实推进党支部规范化、标准化建设

学校党委高度重视党支部的建设，注重选拔党性强、懂教育、会管理、有威信、善于做思想政治工作的优秀党员干部担任党支部书记。在学校党委的指导下，各支部都按期进行支部换届选举工作，配齐配足支部委员，推动支部工作顺利开展。校党委和支部落实职责分工，把党的组织工作融入教育教学各项工作中，建好"党员示范先锋岗"，开展"二高党员进社区"的"书记项目"，组织"青蓝工程"等，充分发挥党组织的战斗堡垒作用。

3. 做好发展党员工作

党委党支部严格党员标准，坚持"按照党员标准，成熟一个，发展一个"的要求，抓好入党积极分子培养，重视发展优秀青年教师、学科带头人入党，

健全把骨干教师培养成党员，把党员教师培养成教学管理骨干的"双培养"机制。组织党员认真学习党章党规，学习习近平总书记系列重要讲话，增强其党性，提高其素质。

4. 加强对党员的教育管理

党支部严格执行"三会一课"制度。根据上级党委季度"三会一课"指引，确保每季度召开一次支部党员大会，每月召开一次支部委员会，每季度至少上一次党课，用好会议记录本和组织生活记录本，保存过程材料。党支部深入开展主题鲜明的党日活动，增强党的组织生活对党员主体的吸引力和凝聚力。以党的重要纪念活动为契机，以红色文化资源为依托，党支部深入开展主题鲜明的党日活动，以达到学习党史、教育党员、凝聚组织的活动目的。各党支部每年根据党委学年工作要点制订本学年支部工作计划，包括学年支部"三会一课"开展计划、支部党员教育活动开展计划、支部"学习强国"工作推进计划、支部党员发展计划、支部宣传计划（每个支部一学期推出一篇高质量的宣传稿件）等。党支部定期组织开好民主生活会、组织生活会和民主评议党员工作。年末，各党支部要按照要求召开一次组织生活会、民主评议党员，坚持谈心谈话制度，充分征求吸纳党员、教师对党组织及党员的意见和建议，开展批评与自我批评，落实整改措施，促进党员思想作风的转变。

二、扎实推动思想建设，把握意识形态领域的领导权

注重从思想上建党，是马克思主义政党的鲜明特色、光荣传统和独特优势。回顾党的建设历程可以发现，中国共产党之所以历经挫折而不断奋起，历尽苦难而淬火成钢，很重要的一个原因就是我们党始终重视思想建党、理论强党，使全党始终保持统一的思想、坚定的意志、协调的行动、强大的战斗力。毛泽东同志曾深刻指出："掌握思想教育，是团结全党进行伟大政治斗争的中心环节。"进入新时代，形势环境变化越快，改革发展稳定任务越重，矛盾风险挑战越多，全面从严治党越是向纵深方向推进，对我们党治国理政考验越大，我们越要从思想上入手、从理想上着力，用习近平新时代中国特色社会主义思想武装全党，充分发挥思想建设正本清源、立根固本、补钙壮骨、凝心铸魂的作用。

二高党委高度重视党员思想建设，注重通过组织党员学习，落实坚定理想信念这个思想建设的首要任务。

1. 加强思想引领，提高政治站位

二高党委深入贯彻落实党的十九大精神，扎实推进"两学一做"学习教育常态化、制度化，组织开展"不忘初心、牢记使命"主题教育，把学习贯彻党的十九大精神和习近平新时代中国特色社会主义思想作为当前首要政治任务，从思想根源上提高政治站位，强化"四个意识"和党性锤炼，真正做到知行合一，确保党建引领取得实效。

2. 建立党委理论学习中心组，充分落实第一议题制度

学校党委高度重视理论学习工作，明确每周一次的党委会议、每周一次的校长办公会以及每月一次的学校行政干部会议，第一项议题都是由党委书记高玉库同志带领干部开展政治理论学习，学习的书籍包括《中国共产党章程》《中国共产党支部工作条例（试行）》《中国共产党党员教育管理工作条例》《习近平关于"不忘初心、牢记使命"论述摘编》《习近平谈治国理政第一卷》《习近平谈治国理政第二卷》《习近平用典》《学思悟践》等。通过政治理论学习，解决了干部思想根子问题，提升了党员干部的素质和能力，真正实现了增强党性、提高能力、改进作风、推动工作的教育目的。

3. 依托"学习强国"平台，推进支部党员理论学习

二高党委充分利用"学习强国"教育平台，采取线上线下相结合的方式，以深入学习贯彻党的十九大精神和习近平新时代中国特色社会主义思想为主线，结合学校实际，扎实推进支部党员理论学习。支部党员每日登录"学习强国"平台进行学习，从而熟悉党的基本理论、党务知识、学校管理，使自己具有较强的文化业务素质，有较强的组织协调能力，并达到提高质量能力强、服务师生意识强、民主法治素质强的学习目的。

4. 抓好学生德育工作，培育和践行社会主义核心价值观

二高党委建立了党委主导、学生处团委参与、家庭社会联动的德育工作机制。党委经常研究分析学生的思想道德状况，跟进做好有关工作，推动解决重要问题。社会主义核心价值观是当代中国精神的集中体现。面对新时代、新要求，面对新征程、新任务，持续深入地培育和践行社会主义核心价值观意义深远、重大。在党委的指导下，教务处组织学科教师推动社会主义核心价值观融入思想道德教育、文化知识教育、社会实践教育各个环节，发挥社会主义核心价值观的引领作用。学生处、团委通过组织丰富多彩的活动，利用国旗下的讲话、主题班会、团课、黑板报等各种形式，加强学生对社会主义核心价值观的认同感，增强学生文化自信，真正把社会主义核心价值观融入教育教学全过程，促进学生养成良好的思想品德和行为习惯。党委抓好教室、寝室、图书馆、食堂和网络等思想文化阵地建设与管理，及时解决学生实际困难和苗头性、倾向性问题，使德育工作融入学生日常学习生活，促进全员、全过程、全方位育人。

5. 培养学生公民意识

校党委注重将思想建设与育人工作相结合，在校党委的领导下，学校实施综合实践系列课程，加强培养学生的公民意识。二高的学生综合实践系列课程无论是从实践的深度、广度还是从引起的社会反响来看，在深圳乃至广东全省都是首屈一指的，它成了深圳教育界一道亮丽的风景线。

继2010年的"我为两会征提案"和2011年的"金点子献大运"社会实践活动取得良好的社会反响后，校党委又先后研究策划了2012年的"创意慈善拍卖会"和2013年的"征集深圳教育改革创新金点子"两项社会实践活动，产生了轰动效应。

2012年5月22日，由二高学生发起，号召全市所有中学师生及家长参与的首届"深圳市中学生文化创意慈善拍卖会"在学校隆重开拍。本次慈善义拍共收到社会各界以及学生文化创意精品500余件。这次拍卖活动共收获31万元善款。二高学生发起的"深圳市中学生文化创意慈善拍卖会"把文化创意、公民责任、爱心慈善相结合，形成了一种与社会互动的新教育模式。来自《深圳特区报》、《南方都市报》、《深圳晚报》、《深圳晶报》、深圳电视台等多家媒体的记者采访了此次拍卖活动，并给予了热情赞扬和多角度的报道。高二年级的陈江涵、李康、吴子薇同学寄给深圳市委的关于倡议在深圳市举办全国首届中学生文化创意博览会的信函得到了王荣书记的高度重视与支持。

2013年5月，学校开展了"征集深圳教育改革创新金点子"社会实践活动，全校学生共提出了332个"金点子"，引起了社会的广泛关注。市委教育工委李永华副书记评价说："今天你为改革创新献金点子，明天或将改变教育。"

在深圳市教育局主办的"2012年深圳市学生十佳微公益行动"评审会上，二高"点滴之爱，可汇涌泉"慈善教育行小组从全市23个优秀微公益小组中脱颖而出，以95.2分的高分直接被评为"深圳市学生微公益行动"十佳。

三、扎实推进制度建设，把权力关进制度的牢笼

"治国必先治党，治党务必从严，从严必依法度"。党内法规系制度治党、依规治党的主要制度支撑，是全面从严治党的基本遵循，也是依法治国的

有力保障。关紧党纪党规的笼子，规范引导党员干部的行为，让党员干部不敢腐、不能腐、不想腐，明确何事可为何事不可为，何事当为何事不当为，何事应为何事不应为。所以，制度建设历来也是我党加强自身建设的重点工作。二高党委自成立伊始就注重党内、校内的制度建设。

1. 校党委编制《深圳市第二高级中学规章制度汇编》

学校党委用了5年时间梳理学校各类工作制度和规范，建立健全有关制度，参与制定了学校《章程》，统筹各部门编制完成了23万多字的《深圳市第二高级中学规章制度汇编》，用制度管文、管会、管人、管财、管物、管事，使各项工作都有规范可依、有章可循。

2. 校党委制定党委会议制度和议事目录清单制度

二高党委参照市教育局党组会议制度和党组议事内容目录清单制度讨论制定了《中共深圳市第二高级中学党委会议制度（试行）》和《中共深圳市第二高级中学党委议事内容目录清单制度（试行）》，并严格按照上述两个制度落实工作。在此基础上，校党委认真贯彻"三重一大"民主决策制度，凡属校内重大决策、重要干部任免、重要项目安排和大额度资金使用，必须经集体讨论做出决定，并进一步严格落实"三重一大"事项报告制度。坚持全面从严治党，加强和改善了党的领导，保证了党的理论和路线方针政策在学校的贯彻落实，明确了学校党委议事决策规则，提高了二高党委会议议事决策水平。

3. 学校党委还进一步完善了学校党委会议制度、校长办公会制度和学校行政会制度

每周三上午党委书记固定主持召开校长办公会和党委会，坚持民主讨论、集体决策，研究部署学校党建工作及学校重要工作和重点问题。每月最后一周的周五举行校行政会，所有会议讨论的内容都以一句话新闻的方式通过校园电子平台，手机短信，学校官方微博、微信等平台及时向全校教职工发布。

4. 坚持完善党建述职制度

年末，各党支部书记要向校党委述职，总结汇报开展工作过程中的成就和不足，做好整改计划。校党委书记根据上级安排向市委教育工委述职。校党委坚持用述职的方式加强党委、党支部工作的计划性和落实性。

四、加强党风廉政建设，打造朴实的党员志愿者队伍

校党委扎实开展党风廉政建设活动，认真落实从严治党各项措施，严格党员教育管理，严肃党内组织生活，加强党员队伍的廉政教育工作，带动全体

教职工爱岗敬业、廉洁从教。校党委严格执行中央八项规定，落实"群众路线教育实践活动""三严三实"和"两学一做""不忘初心、牢记使命"主题教育有关要求，定期开展"纪律教育学习月"系列活动，领导班子成员坚持收入和重大事项报告制度。学校的重大事项由党委会议集体讨论决定，有关工作严格按规定程序进行，学校领导杜绝公款消费，无一违纪现象发生。强化行政部门服务意识，增强服务能力，提升服务水平。同时校党委加强教育行风建设工作，扎实开展教师职业道德建设活动，组织开展学习、讨论、反思、演讲、座谈、讲座等一系列活动，进一步更新教师观念，规范教师职业道德，营造为人师表、尊师重教的良好风尚；严格执行师德规范，严禁违规补课及向学生推销教辅资料和课外读物，严肃政治纪律和工作纪律，强化民主监督，提高服务水平，树立廉洁高效的教育新形象；利用校内宣传栏、校园网、官方微信等宣传手段，加强对优秀教师、优秀党员先进事迹的宣传，充分发挥党员教师的先锋模范作用。

在告诉党员教师守住底线的基础上，二高党委还积极在校内传播正能量，引导党员干部发挥先锋模范作用，打造了一支优秀的党员教师志愿者队伍。几年来，二高党委坚持开展"党员教师志愿者进社区"这一精品志愿活动。校党委组织学校党员教师志愿者利用周末深入梅林一村、桃源村、益田村、彩田村、星海名城等深圳大型生活社区，为社区居民送去包括家庭教育与心理健康咨询、初高中课程衔接辅导、高中学法指导、中考中招咨询等内容的教育服务。二高党委制作的教育知识展板让社区居民长久驻足观看，二高党员教师志愿者的现场咨询服务更是吸引了大量市民的关注。慕名前来咨询的人络绎不绝，特别是中考前夕，很多家长不远千里从深圳其他社区赶到我们设在社区的活动现场，咨询中考中招政策。二高党员教师志愿者的活动赢得了社区居民特别是学生家长的高度赞誉。二高党委被市委教育工委授予2013年度市委教育工委系统"先进基层党组织"称号，市委教育工委书记来二高为学校的党员教师志愿者授旗。而二高的"党员教师志愿者进社区"活动也成为深圳市教育系统"书记项目"25个精品项目之一并向全市推广。

五、用心开展帮扶工作，真实传递二高大爱

校党委积极组织参与爱心捐款、帮困扶贫等活动，传递了二高的正能量。学校党委先后对口帮扶了6个自然村，捐款20余万元。为新梅小学捐赠图书室，向长湖小学捐赠一批长凳，向汕尾中学捐赠一批教学办公电脑，送课送讲座，

还与广西百色祈福高级中学签订了为期四年的教育对口帮扶框架协议，结为对口帮扶学校，自2017年至2020年年底，二高将持续在学校制度建设、教育教学水平和创新教育方面给予广西百色祈福高级中学全力支持。截至2019年年底，学校先后三次向百色祈福高级中学捐赠了共计15万余元的创客教育设施设备，帮助其建立了300多平方米的创客空间，还帮助他们建立了自己的创客教育课程体系。这在百色当地影响巨大，直接对其招生产生了积极影响。学校还先后三次选派优秀教师到百色送课，并接待了三批百色祈福高级中学的骨干教师来校学习研修，帮助百色祈福高级中学的教师拓宽教学视野，提升教学能力。这些活动充分展示了学校党委的良好形象，使学校获得了深圳市"慈善先进单位"荣誉称号。

新时代赋予新使命，新使命呼唤新担当。二高党委着力建设一个风清气正、干事创业的好团队，凝聚了一支爱岗敬业、充满教育智慧的教师队伍，营造了干群尊重、师生尊重、家校尊重的和谐学校氛围。未来，我们将把党委建设与加快建设中国特色社会主义先行示范区结合起来，大力推动思想再解放、改革再深入、工作再抓实，不断开创新局面、再创新优势、铸就新辉煌，在新时代走在前列，在新征程勇当尖兵。我们将把党建工作与学校的中心工作相结合，以"立德树人"为根本，以"办人民满意的教育"为己任，以"三实教育"促进学校发展，进一步科学制定学校发展规划，建立健全学校规章制度，书写二高教育灿烂的明天。

"三实"与干部队伍建设

赫英刚

中国特色社会主义建设的新时代需要什么样的干部？建设中国特色社会主义先行示范区需要什么样的干部？推进深圳市教育高质量发展需要什么样的干部？学校干事创业的关键期需要什么样的干部？

时代的发展日新月异，祖国的进步享誉世界。在这个奔流不息的世纪，教育方舟乘风破浪、披荆斩棘恒久地发展在开创进取的前列。在这个时代，做一个优秀的干部不容易，在这个时代的校园里，做一个无愧于伟大教育事业的杰出干部就更不容易了。伟大的改革正在向深水区挺进，我们面对的矛盾日渐深入民生深处，教育也要寻机解决深层次矛盾，构建深厚广博的教育战线"同温层"。中国特色社会主义进入了新时代，需要领导干部与时俱进，提高管理水平和业务素养。在现实生活中，往往有些干部没能跟上集体前进的脚步，抱残守缺、不思进取。习近平总书记用"本领恐慌"一词来形容当下个别干部的能力素质危机。他批评个别干部在工作中"新办法不会用，老办法不管用，硬办法不敢用，软办法不顶用"，最终成了与新时代格格不入的干部。

合格的干部，其行动必定要与组织的发展理念步调一致。恰逢深圳市教育发展机遇到来，作为市直属高中的二高要抓住先行示范创建优质教育的发展机遇，避免在新高考改革的窗口期被超越，为此二高高举"三实教育"理念旗帜，统一全校上下思想，力争为伟大的教育事业锦上添花。只有坚定地落实真实、扎实、朴实的理念，才能改变以往干部工作中有经营、少管理、无设计的窘态。立足学校实际，这个难得的机遇是时不再来、弥足珍贵的，一旦错过了，会愧对事业、抱憾终身！借用电影《飞驰人生》中的一段话来形容："你过的每一个弯，都没有机会再来一次！你犯的每一个错，都会断送整场比赛，甚至你的职业生涯！需要你……开着这台车全速推进……找到你自我能力的边界，然后开着这台车，把你眼前的每一个弯都过好！这不是驾驶的技术，是驾驶的艺术！你问我绝招，绝招只有两个字：奉献！就是把你的全部奉献给你所热爱的一切！"

对于领导干部而言，要认真思考怎样才是好干部，怎样成长为好干部；对组织工作者而言，还要思考怎样把好干部选出来、用起来。这是一个全新的时代，开放、进取、包容、创造，学校的治理理念也在不断迭代发展，干部的选拔、培养观念也在不断进步。总的来说，如何做好干部工作，既事关民族、国家伟大事业的成败，也决定一人得失、一家荣辱、一校成败。我们在进行的不只是一场关于"三实"理念的探索，更是思维领域的一场深刻变革。

一、真水无香，唯在实学

二高提倡真实。所谓真实，就是指与客观事实相符，不假。学校工作就是教人学真、求真、做真。学校干部的业务素养要与学校的客观实际相符，就必须真学。

明末清初思想家黄宗羲曾总结："学则智，不学则愚；学则治，不学则乱，自古圣贤，盛德大业，未有不由学而成者也。"《荀子·大略》云："学者非必为仕，而仕者必如学。"通过学习，干部可以掌握做事的规律，找准问题的关键，解决顽固的症结。

习近平总书记曾说："学习是文明传承之途、人生成长之梯、政党巩固之基、国家兴盛之要。"他还用"盲人骑瞎马，夜半临深池"的俗语说明不学习就可能迷失方向、陷入危机。社会发展一日千里，日常工作日益复杂，没有科学性、预见性、主动性怎么做好决策？少知而迷，不知而盲，无知而乱，正是因为没有主动学习，最终造成本领不足、本领恐慌、本领落后。无知、无智、无能是干部的大敌。

1. 只有不断地学习、不断地提高自己，才能够解决一个个事业中的迷思

工作中有些道理是需要具体问题具体分析的，不能一概而论。例如，"把简单的事情做千万遍就是不简单"，这句话不能简化为"做简单的事就是不简单"，进而衍生为"简单的成绩就是功绩"等，中国好机长刘传健那样的人才是真的不简单，他所做的事才是真的功绩。只有加强学习，确立理论基石，寻找佐证的锚地，辨别出似是而非的道理，干部才能不被各种迷思驾驭。

2. 只有不断地学习、不断地提高自己，才能够拿捏轻重，让工作缓急得当

《资治通鉴》记载的田子方讽魏文侯的故事教给我们一个道理，做领导的不能随意插手下属的工作。漏水的船和船夫的故事告诉我们，做领导要先安排重大且紧急的工作来做。这些都在强调，干部要学会区分出可以不做的工作、一定不能做的工作和不能不做的工作。

3. 只有不断地学习、不断地提高自己，才能够形成人格力量

"见贤思齐，见不贤而内自省也""吾日三省吾身""学而不思则罔，思而不学则殆"，这些《论语》中的名句再三告诫我们，只有不断学习，才能够成为优秀的人。干部的人格力量在学习中成长。学习的过程也是一个不断熟悉工作的过程。持续不断地学习能够提高业务水平，提高驾驭理论的能力，提高干部的威信。

4. 只有不断地学习、不断地提高自己，才能够掌握话语权

学校的干部基本都来自学科教学，求学经历中甚少有管理类学习的相关经历，而一旦走上干部工作岗位却不能以群众的眼光、心态、办法来应对问题。尤其是在自媒体泛滥的当下，拼底线、无底线的喙舌对面，我们多少干部会失声。只有不断地学习，才能够夺回话语权。每次面对申请、质疑、问询，干部能不能意识全面、判断准确、第一反应及时有效，以最优的行政策略解决问题，不让正确的结论在不断的怀疑和猜测声中消失，让党的声音、组织的决定如洪钟大吕一般涤荡所有杂音，这些都需要学习。

二、以实则治，以文则不治

二高提倡扎实。所谓扎实，是指踏踏实实，一步一个脚印，不虚。没有精彩的细节就没有壮观的整体，而精彩的细节来自扎扎实实工作。干部的眼中不能只有大事没有小活，不能只有困难没有坚持，不能只有问题没有办法，不能做大事而惜身，有小成而忘义，最后沦落成眼中无小事、心中畏难事、得中尽常事的伪劣干部。

1. 扎实的干部要起到表率作用

《论语·颜渊》中说："政者正也。子帅以正，孰敢不正？"干部的作用在于表率。丘吉尔和他的永不放弃精神成了不列颠精神的一段佳话。林则徐以"苟利国家生死以"的信念再次熔炼了我们的民族筋骨。《大学》中讲："君子必慎其独也。"干部要表里如一，为群众起到表率作用。

2. 扎实的干部要善于创新

有这样一个故事，讲的是一位年轻有为的炮兵军官上任伊始，到下属部队视察操练情况。他在几个部队发现相同的情况：在队伍的操练中，总有一个士兵自始至终站在大炮的炮管下面，纹丝不动，什么也不做。军官不解，究其原因，得到的答案是：操练条例就是这样要求的。军官回去反复查阅军事文献，终于发现，长期以来，炮兵的操练条例仍因循非机械化时代的规则。站在炮管下的士兵的任务是拉住马的缰绳（在那个时代，大炮是由马车运载到前线的），以便在大炮发射后调整由后坐力导致的距离偏差，减少再次瞄准所需要的时间。现在大炮的自动化和机械化水平很高，已经不再需要这样的一个角色了，但操练条例没有及时调整，因此才出现了"不拉马的士兵"。管理学中经常用"不拉马的士兵"来形容陈旧的机制，提示管理者不要墨守成规。干部扎实地工作要敢于创新，积极适应变化。

3. 扎实的干部要行动迅速有力

曾经读到一则寓言，有一个总是做事拖拖拉拉的官员被小姑娘质问："如果你的皮带断了，你也会等吗？"官员无言以对。确实，"马上办"就是比客客气气的"请等一等"更加迅速有力，也更能赢得信赖。扎实有力的工作还要有担当精神。2015年1月20日《人民日报》发表了题为《用硬办法拔软钉子》的文章。文章中对以服务为名放弃根治问题的对策给予了批判，充分肯定了尽力根治的扎实行政手段。

4. 扎实的干部应追求工作上的完美

好的工作不是尽力而为，而是一定要追求完美，好的干部要第一次就把工作尽量做到最好。一份工作做得好不好不是一个孤立的问题。我们的工作在时间维度上、在空间跨度上、在协同关系上、在资源调拨上都会存在普遍的联系。这些都需要干部在工作中协调好关系。好的工作离不开精细化和差异化（去同质化）。在飞往新加坡的航班上，儿童和老人可以提前领取到专供的餐点，成年人要略晚。这是一个小小的差异化的举动，执行并不多复杂，却把关爱、尊长、细致、优秀融进了经历者心中。扎实的工作需要在细微处用心。

三、德不孤，必有邻

二高提倡朴实。所谓朴实，就是指质朴实在，不花言巧语，不装。这是一种高贵的品德，是干部道德修养和政得修养的必要组成部分。《论语·为政》中称："子曰：'为政以德，譬如北辰，居其所而众星拱之。'。"要想成为一名优秀的干部，要具有质朴、淳厚的品德。

1. 做干部要有理想道德至上的信念

但丁说："一个知识不全的人可以用道德去弥补，而一个道德不全的人却难以用知识去弥补。"在实际生活中，行为影响力远大于权力影响力，一个优秀的干部不是任命出来的，而是实干出来的；精神的惑召力又大于行动的影响力，一个杰出的干部不仅仅是干出来的，更是高风亮节的旗帜一般的信仰。

2. 做干部要自律、以身作则，不能人浮于事

在"共同标准"面前，干部不能有特区、禁区，也不能有盲区。《论语》言："己欲立而立人，己欲达而达人。"好干部要领导立法、支持司法、带头守法，以自己的朴素行动成为群众心中的暖灯。

3. 做干部要沉得下心，保持谦卑，向所有人学习

一个精明得仿佛什么都懂的干部当然让人钦佩，但一个能够弯下腰来向人请教的干部更加让人喜爱，前者赢得敬重，后者获得认可。我们很难保证自己的每一个判断都是正确的，终归还是要相信群众、依靠群众，来之于群众、还之于群众。有时候，敢于道歉才不会错过纠正错误的机会。所以，获得群众认可的干部可以走得更踏实。

4. 做干部要在质朴中孕养激情

好领导要获得拥护不仅要厚德如君子，还要强而有力，充满激情。很多时候，温润如玉的品德和慷慨悲歌的壮烈能够在干部身上和谐地统一。例如，我们推崇的：甘愿到最艰苦的地方去，敢去靠品，敢去靠胆。有胆有识的好干部必定获得拥护。

5. 做干部要当谦谦君子

《墨子·修身》中云："慧者心辨而不繁说，多力而不伐功。"一个品行优良的干部不需要自己去分辩功劳。所谓"功成不必有我"，在功劳面前，宁做傻干部，不做精明的干部。

四、济济多士，文王以宁

我们需要越来越多能够秉承"三实"信念的干部，只有这样的队伍越来越壮大，我们的事业才能走向成功。

1. 要培养选拔出"三实"的干部，要看理想信念

党的干部要时刻牢记我是谁、为了谁、依靠谁。虽然说"明者因时而变，知者随事而制"，但有一些根本性的东西是不能有丝毫动摇的。"本根不摇，则枝繁叶茂"，要选拔那些立场坚定的干部培养，任重道远，容不得谬以千里。

2. 要培养选拔出"三实"的干部，要看有没有科学精神

行政干部要做科学家，不做艺术家。科学治理和人情做法的矛盾时刻存在，越是面对大是大非，越没有人情空间，所以我们平时应该从小事做起，养成科学治理的习惯。

3. 要培养选拔出"三实"的干部，要给压力

压力的本质是责任感，敢于挑战压力的人才值得培养。压力向动力的转换不是无条件的，适度和渐进性都很重要。人多非好事，人闲非好事。能自动加压的人会在锻炼中更迅速地成长，更具有培养潜力。

4. 要培养选拔出"三实"的干部，要经得起考核和检验

干部工作，信任不能代替监督，程序大于效益，效益大于辛劳，再好的制度也要打补丁，再好的干部也要接受监督。

5. 要培养选拔出"三实"的干部，要包容

《尚书》中说："必有容，德乃大；必有忍，事乃济。"培养一名优秀的干部，不能追求千人一面，要给干部个性化的成长留下空间。对于年轻的干部，温和地批评强过严厉地指责。

五、政之要，先用人

"三实"之实在于实干，实干之机在于用人。干部工作既是一种实践，也是一门科学，更是一门艺术。封建王朝曾以清、慎、勤为官训，要求官员清廉、谨慎、勤勉。党要求干部做到"三严三实"：严以修身、严以用权、严以律己；谋事要实、创业要实、做人要实。

学校发展的过程是一个群策群力的过程，在这个过程中，工作是不是做得好是能够感知到的。全校上下的价值感知会非常直接地告诉我们，我们选拔运用的干部到底是"良币"还是"劣币"。在"三实"理念的指引下，我们一定能做到"激浊"和"扬清"，营造出一个良好的校内政治生态，让干部化解矛盾，卸下包袱，再出发。

祝愿"三实"理念引领二高实现机遇大跨越，为人民的教育事业献礼！

践行"三实教育"思想，用尊重的教育培养受尊重的人

——深圳市第二高级中学"三实"课程体系

王　健

　　2015年5月，高玉库校长履新，正式就任深圳市第二高级中学（以下简称"二高"）校长。他在充分调研学校现状的基础上，提出了"真实、扎实、朴实"的"三实"办学思想。真实，即教育教学内容适应时代发展、学生接受能力和学习需求，不虚假。扎实，即教育教学形式关注基础，注重发展和迁移，通过学习，为今后的生活和学习打下坚实的基础。朴实，即教育教学设计从实际出发、实事求是，不浮夸，简单朴素。

　　近5年来，以广东省高考改革为契机，结合学校自身的生源特点、教师特点和学校发展规划，经过不断的调整和重构，学校形成了以基础课程、研究课程、拓展课程为主体的"三实"课程体系。

　　其中，基础课程包含高考课程、学考课程和非考课程，主要用于满足学生的毕业需求和升学需求。经过近10年的不懈努力，学校在升学和备考方面的成绩不断提高，一本率从2010年的16%上升至2018年的63.2%，本科率接近100%。

　　在基础课程的基础上，学校开设研究课程，包括实践课程（生涯规划、社会实践、汽车实训）和探究课程（小课题研究、创新课程和研究性学习）。作为校本课程的一部分，研究课程旨在培养学生参与社会服务的能力和探究能力。通过实践和探究，学生了解社会、适应社会和服务社会的能力得到了增强。

　　围绕基础课程和研究课程，学校通过大力支持和培植课程，形成了以阅读课程、美育课程、游泳课程和书法课程为亮点的特色课程与以音乐、体育、美

术为主的素养课程。

在开足基础课程（国家规定课程），满足学生高中毕业及升学等需求的同时，学校大力开发研究课程和拓展课程，挖掘学生潜能，促进学生对传统文化的热爱和良好学习习惯的培养，以扎实的基础课程、朴实的研究课程、真实的拓展课程为代表的"三实"课程体系初步形成（见图1）。

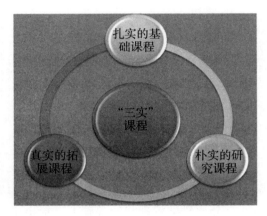

图1

一、"三实"课程体系建设背景

习近平总书记2013年4月21日指出，教育决定着人类的今天，也决定着人类的未来。人类社会需要通过教育不断培养社会需要的人才，需要通过教育来传授已知、更新旧知、开掘新知、探索未知，从而使人们能够更好地认识世界和改造世界，更好地创造人类的美好未来。

习近平总书记2016年9月9日指出，基础教育是立德树人的事业，要旗帜鲜明地加强思想政治教育、品德教育，加强社会主义核心价值观教育，引导学生自尊、自信、自立、自强。基础教育是提高民族素质的奠基工程，要遵循青少年成长的特点和规律，扎实做好基础工作。基础教育要树立强烈的人才观，大力推进素质教育，鼓励学校办出特色，鼓励教师教出风格。

习近平总书记2018年5月2日指出，我们的教育要培养德智体美劳全面发展的社会主义建设者和接班人。

2014年教育部研制印发《教育部关于全面深化课程改革　落实立德树人根本任务的意见》（以下简称《意见》），提出"教育部将组织研究提出各学段学生发展核心素养体系，明确学生应具备的适应终身发展和社会发展需要的必备品格和关键能力"。

在总体设计的基础上，先行启动普通高中课程修订工作。合理确定必修、选修课时比例，打牢学生终身发展的基础，增加学生选择学习的机会，满足学生持续发展、个性发展的需要。坚持知行统一原则，加强职业体验、社会实践等方面的课程。进一步精选课程内容，科学确定课程容量和难度。

《意见》指出，当前的主要任务是统筹各学科，特别是德育、语文、历史、体育、艺术等学科。充分发挥人文学科的独特育人优势，进一步提升数学、科学、技术等课程的育人价值。同时加强学科间的相互配合，发挥综合育人功能，不断提高学生综合运用知识解决实际问题的能力。

《意见》指出，要统筹课标、教材、教学、评价、考试等环节，全面发挥课程标准的统领作用，协同推进教材编写、教学实施、评价方式、考试命题等各环节的改革，使其有效配合，相互促进。

《意见》还指出，要统筹课堂、校园、社团、家庭、社会等阵地，发挥学校的主渠道作用，加强课堂教学、校园文化建设和社团组织活动的密切联系，促进家校合作，广泛利用社会资源，科学设计和安排课内外、校内外活动，营造协调一致的良好育人环境。

《国家中长期教育改革和发展纲要（2010—2020年）》指出，要全面提高普通高中学生综合素质，深入推进课程改革，全面落实课程方案，保证学生全面完成国家规定的各门课程的学习，创造条件开设丰富多彩的选修课，为学生提供更多选择，促进学生全面而有个性地发展。

在基础课程的基础上，学校又大力开发了部分拓展课程，以满足学生的发展需要。首先，人本主义教育理论强调学生的个性化发展，注重挖掘学生潜能，让学生的身心与情感同步发展，促进学生自我价值实现。传统课程教学忽视从人的发展角度来考虑问题，片面追求升学率，不利于学生健康及个性化地发展。其次，多元智能理论认为，多样和不同的拓展课程的开展可以促进学生发展自身个性，服务社会。最后，建构主义理论强调教学评价的过程性，以多元化为基础，将自我评价、教师评价、家长评价和同学评价结合起来，在课程开展中多方合作，促进学生身心发展。

二高位于粤港澳大湾区前沿，建校于2007年，现有师生3200余人。创建10多年以来，学校在教学质量、课程资源和教师发展上都取得了长足的进步。特别是2018年，广东省开始实施新高考方案，在给予学生更多学科选择权的同时，学校针对现有资源和未来发展方向，重新梳理和调整课程结构，为学生、教师、学校和社会的发展奠基。

二、"三实"课程体系的现实意义

"三实"课程体系关注学生、教师、学校、社会四个层面的发展（见图2）。

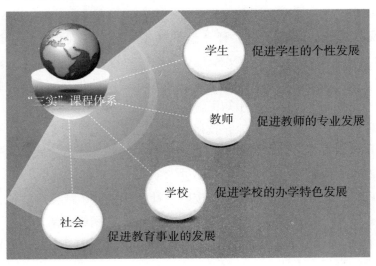

图2

1. 学生层面

"三实"课程体系以人为本，注重学生的生活体验和学习经验，课程实施中强调学生发展的主体性、主动性，关注每一个学生发展的差异性，让每一个学生都成为与众不同的主体，满足每一个学生不同的发展需要。深圳特区经过40年的发展，已经形成了包容、多元等特质。与其他省份地区的生源不同，深圳地区的生源具有思维开阔、升学途径多元等特质，不同的学生对于学习、升学、生活存在不同的期望，这导致学生学习动机不同。因此，关注学生的需要和发展，最大限度地为学生的终身发展奠基，体现了"三实"课程体系的"实"。

2. 教师层面

"三实"课程注重提高教师的参与意识、课程开发意识、研究意识、合作意识，完善和更新教师的知识结构。二高现有专任教师206人，平均年龄39岁。其中，正高级教师1人，副高级教师67人，中级教师129人，39%的教师具有研究生以上学历。近年来，通过从海外知名大学、国内重点中学、北京师范大学、东北师范大学等院校引进高水平教师和优秀毕业生，学校已经形成学历结构优化、年龄结构合理、发展势头良好的师资队伍。通过校本课程体系的构建，一大批优秀教师脱颖而出，如广东省正高级教师何泗忠、教育部创客名师周茂华等。"三实"校本课程体系的特色，如艺术选修课程中的美术课，获得了社会的广泛关注，人民美术出版社在广东省的第一家"人美学堂"正式落户二高。

3. 学校层面

"三实"课程促进了学校功能的重新定位。从广义上说，教育是社会环境的一部分，但它是社会环境中的特殊部分。与遗传和环境相比，教育特别是学校教育，在人的身心发展方面具有主导作用。学校教育是教育的核心内容。从狭义的角度来看，教育即学校教育。学校教育的特殊性决定了它的主导地位。首先，学校教育具有特殊性。在社会活动中，影响人的发展的因素有三个：遗传、环境和实践活动。在实践活动中，个体与环境相互作用，促进了人的发展。学校教育是上述三个因素的特殊综合，它是一和包括特殊个体和特殊环境的特殊活动。其次，学校教育具有独特的价值。学校教育能够引导个体发展，它是对学生后天发展方向的定位。学校除了传承文化之外，同时肩负着改造现存社会弊端，冲破不合时代的、落后的文化传统的任务。教育为个体发展提供了动力。人的发展不只表现为知识的增加、智力的发展、人格的成熟，更重要的是表现为建立在这种发展基础之上的"发展动因"的发展。教育作为一种专门的育人活动，对知识经验的获得、自我意识的培养和主体性的激发及人的整体发展的提升承担着重要的责任。教育能够唤醒个体发展的意识，挖掘个体发展的潜能。斯普朗格指出，教育之为教育，正是因为它是人格心灵的"唤醒"（这是教育的核心所在）。教育的最终目的不是传授和接纳已有的东西，而是从人的生命深处唤起他沉睡的自我意识，将人的创造力、生命感、价值感唤醒。

4. 社会层面

"三实"课程弥补了国家课程的不足，促进了教育的交流合作。相对于社会教育，学校教育是受到社会因素制约的。学校教育不可能离开社会教育。社会教育能够拓展学生的知识领域，促进学生的全面发展，培养学生的兴趣、爱好，发展学生的个性特长，适应学生的多种需要，丰富其精神生活。教育的主导作用很明显，但它不是万能的，教育既不能超越它所依存的社会条件，凌驾于社会之上去发挥它的主导作用，又不能违背学生身心发展的客观规律任意决定学生的发展。

三、"三实"课程体系课程观（见图3）

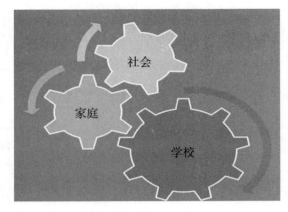

图3

学校教育在人的发展中发挥着主导作用，具有较强的目的性、系统性、选择性、专门性和基础性。这些特点决定了学校课程的开设要考虑的因素。学校是专门培养人的机构，其一切活动都围绕有目地培养人而展开。

基于上述因素，"三实教育"课程观以学校为中心，驱动家庭、社会的同步发展，将课程打造成实现学生价值的载体。

四、"三实"课程体系设计原则

1. 坚持科学性

"三实"课程紧紧围绕立德树人的根本要求，坚持以人为本，遵循学生的身心发展规律与教育规律，将科学的理念和方法贯穿研究工作全过程，重视理论支撑和实证依据，确保研究过程严谨规范。例如，在高一、高二坚持开设艺术、体育选修课（基础课程和校本课程），在高三为学生开设体育必修课程等。

2. 注重时代性

"三实"课程充分反映新时期经济社会发展对人才培养的新要求，全面体现先进的教育思想和教育理念，确保研究成果与时俱进、具有前瞻性。结合深圳特区良好的科技配套和加工配套能力、良好的创意设计氛围，开设引导学生实践创意的创客课程，促进学生多元化发展。

3. 强化民族性

"三实"课程着重强调中华优秀传统文化的传承与发展，把核心素养研究根植于中华民族的文化历史土壤，系统落实社会主义核心价值观的基本要求，突出强调社会责任和国家认同，充分体现民族特点，确保立足中国国情、具有中国特色。例如，学校开设的汉字书写课程，引导学生在汉字书写中培养对中国传统文化的兴趣和热爱。

五、"三实"课程体系的框架内容

"三实"课程体系包括基础课程（国家规定课程）、拓展课程（校本特色课程）和研究课程（校本高端课程），以满足学生不同发展时期的需要。包含升学考试科目在内的基础课程，如高中毕业考试要求的课程和大学入学考试课程，主要满足学生的升学要求；校本课程中的拓展课程，如研究性学习、学生社团等课程，旨在帮助学生进一步提升兴趣和学科素养；而研究课程，如机器人探究课程、创客课程等，则是针对部分学生在某一领域的特长而开展的探究课程和实践课程（见图4、图5）。

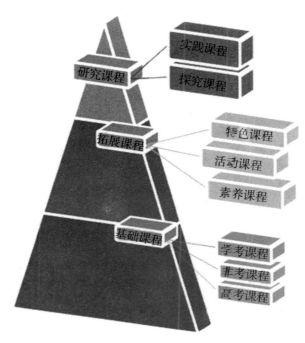

图4

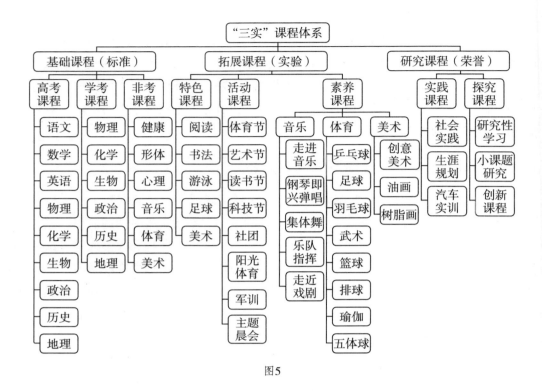

图5

六、"三实"课程体系的发展方向

2018年9月10日,党中央召开全国教育大会,习近平总书记在大会上发表重要讲话,系统回答了关系教育现代化的重大理论和实践问题,对加快教育现代化、建设教育强国、办好人民满意的教育做出了全面部署,向全党、全国、全社会发出了加快教育现代化的动员令,为新时代教育提供了根本遵循。李克强总理在讲话中强调,要准确把握教育事业发展面临的新形势、新任务,全面落实教育优先发展战略,以教育现代化支撑国家现代化。

2019年6月23日,中共中央、国务院颁布《中共中央 国务院关于深化教育教学改革全面提高义务教育质量的意见》,要求树立科学的教育质量观,深化改革,构建德智体美劳全面培养的教育体系,健全立德树人落实机制,着力在坚定理想信念、厚植爱国主义情怀、加强品德修养、增长知识见识、培养奋斗精神、增强综合素质上下功夫。坚持德育为先,教育引导学生爱党、爱国、爱人民、爱社会主义;坚持全面发展,为学生终身发展奠基;坚持面向全体,办好每所学校、教好每名学生;坚持知行合一,让学生成为生活和学习的主人。

　　新时期，"三实"课程体系将一如既往地坚持以中国传统文化为核心，以学生发展和时代发展需要为前提，从实际需要和发展出发，不断充实和调整课程结构与课程内容，落实教育立德树人的根本任务，为学生发展助力、为教师发展助力、为学校发展助力、为社会发展助力。

　　在新时期、新高考方案的背景下，"三实"课程体系需要考虑更多的因素，进行重新定位和建立新的目标。首先，学生需要根据自身特点扬长避短，充分发挥自身优势。因此，学校将进一步巩固和提升现有基础课程，引导和辅助学生做好学科选择与专业发展方向规划。其次，针对现有师资和新引进师资，以课程建设为抓手，做好人才的规划发展和使用，特别是解决新教师在高考改革期间面临的转型等问题。最后，以课程建设为特色，依托教育科研基地，打造学校品牌和人才培养品牌。

真实做课题、扎实做课程、朴实抓课改

周逢雨

一、"三实教育"思想简述

教育思想是学校的灵魂，是立校之本、育人之基，是引领学校文化建设的精神支柱和指导学校发展的行动纲领。在认真汲取教育大家的思想精髓，结合自身办学实际的基础上，学校提出了"真实、扎实、朴实"的教育思想，即真实——与客观事实相符，不假；扎实——踏踏实实，一步一个脚印，不虚；朴实——质朴实在，不花言巧语，不装。

深圳市第二高级中学（以下简称"二高"）把"三实"作为学校教育教学和管理工作的目标，着力树立以"三实"为特征的学校核心价值观。

（1）在"三实教育"思想的引领下，二高确立了"阳光、进取、平实、包容"的校训，倡导师生以阳光的心态面对人生，以进取的精神激励前行，以平实的作风积淀成功，以包容的胸怀接纳世界；二高着力建设"精勤创新、崇实卓越"的校风、"明志笃学、诚信自律"的学风和"厚德精业、智慧博学"的教风；二高提出"张扬生命活力，探求智慧人生，奠基终身发展"的办学方略及"身心健康有活力，勤奋进取有理想，基础扎实有特长，终身发展有潜能"的培养目标；提出以平常心办不平常教育，用平实作风铸造学校发展的基石。

"三实"的实施有"五个维度"：①营造"三实"育人环境；②打造"三实"教师队伍；③实施"三实"课堂教学；④构建"三实"校本课程；⑤开展"三实"德育活动。

（2）在"三实教育"思想的指导下，二高确立了"文化立校，科研兴校"的战略。二高教育教学工作坚持从学生的思维及认知规律出发，坚决摒弃不尊重教育规律、急功近利、高消耗、低产出、粗放式、时间加汗水的传统教学方法，坚决改变死记硬背、机械训练的现状，坚持"静待花开"的慢教育，以新课程改革所倡导的教学理念为指导，探索出一套高效课堂的原则和方法。

（3）在"三实教育"思想的指导下，二高重视顶层设计，科学制订十年行动计划和五年发展规划，坚持"全面发展"的育人目标，建立契合学生发展的课程体系，努力实现学生多元化、立体化成长与发展。

二、实实在在研究高素质教师队伍建设

为打造"三实"教师队伍，二高千方百计为教师创设成长空间，让每一个教师都朝着自己的梦想，凭智慧走到一条适合自己的道路上。

（1）实施"师德"工程，提高师德修养。坚持"学高为师，身正为范"的师德标准，树立"厚德精业、智慧博学"的教风，开展"重铸师德、奉献教育、永葆先进"的主题实践活动，倡导教师争做"师德的表率、育人的模范、教育的专家"。

二高进一步落实发放和回收深圳市第二高级中学教师"三实教育"教学情况调查表工作，让学生对教师进行民主评议，既起到了评估教师的作用，又促进了教师的发展；既沟通了教和学，又便于教师对教育教学进行反思，实现教学相长，使整个教育教学活动和谐进行。

二高倡导教师在教育教学活动中投入爱的情感、表现爱的行为、讲究爱的艺术，为学生营造宽松愉悦的成长环境，最大限度地理解、包容、善待学生，与学生建立相互尊重、相互信赖的民主和谐的新型师生关系。

（2）实施"充电"工程，树立学习观念。二高以整体优化教师队伍为目标，以培养教育教学骨干为重点，强化落实《深圳二高教师校本培训计划》，采取"请进来，走出去，校内训"的方式进行全员培训，开展"青年教师成长营培训"活动，强化学术委员会、中年教师研究会、阅读中心、创客中心等利于教师成长的平台的作用。

（3）实施"名师"工程，打造品牌教师。二高强化推进校级名教师工作室工程，通过双向选择的方式，聚集了一批参与研究创新的教师，形成了学习、教研和发展共同体，进一步拓展了教师的专业发展空间，加强了校本课程的开发，建立了相应的支撑平台。

（4）落实"青蓝"工程，培养青年教师。二高的专任教师中，青年教师约占一半，是二高教育教学的主力军。二高继续强化《青年教师成长10年规划》，坚持"以老带新、师徒结对"的培养制度，从人文素养、教育素养、科学素养三个方面开发培训内容，帮助青年教师头三年夯实基本功，再三年成为

骨干教师，后四年成为名师。

三、实实在在研究教学质量的提升

科研兴校是二高上下达成的共识。二高围绕"课程建设、课堂教学"，通过建立国家、省、市、校级课题网络开展扎实有效的研究，确保教育教学质量稳步提升。

1. 扎实研究实验

课程文化是学校文化建设的重要内容，课程是二高"三实教育"教学的核心，"三实教育"教学的目标、价值和实效主要通过课程来体现与实施。

二高强化"三实教育"思想指引下的《学校课程发展规划》《新课程实验工作方案》《新课程实施方案》和《校本课程开发总体规划》落实工作，具体研究实验必修课、选修课的开设计划，构建包括国家、地方和学校三大结构的课程体系，并有效实施。

二高进一步推动学生社团活动课程化管理，确保校本课程顺利开展，做到场地、设施、指导教师三到位，严格考勤，计算学分。

2. 真实研究并开发校本课程

二高强化新开发出的数据库、移动互联应用、机器人、影视技术、服装设计与制作、厨艺等10多个模块校本课程的投入和运用，争取更进一步。

二高进一步打造精品校本课程，为师生打开另一扇成功之门。二高强化校本选修课程中的文学阅读、创客教育、综合社会实践、机器人制作、医护体验、生物组培、汽车技术实训、硬笔书法、篆刻、影视创作编导、艺术系列选修课程（声乐、器乐、舞蹈、健美操、美术）、体育系列选修课程（武术、游泳、田径、篮球、排球、足球、羽毛球、乒乓球、网球）、阳光综合体育活动等。

3. 认真研究教育教学新模式

怎样走出"重负低效"的怪圈，让生命更精彩？怎样促进学生的自主发展，让德育更生动？教师怎样走进学生，让师生关系更和谐？怎样坚守教师职业操守，让事业更崇高？如何破解这四个问题？教育实践告诉二高，必须扎实开展教育教学研究，探索符合学生成长规律的教育教学新模式。

4. 认真研究"3+2+1"新高考

研究并遵循广东新高考规律，注重备考研究，遵循教学规律，研究真实共享，不盲从，不打无谓的消耗战；研究扎实掌控节奏，不自乱阵脚，稳扎稳打；研究、教学相互补台，达成整体"进球"的最大共识与合力。

要研究并遵循广东新高考规律，就要继续从学生终身发展角度考虑，实行阅读合格证、游泳合格证、硬笔书法合格证"三证"制度；就要始终坚持抓常规、抓风气，真正做到抓三年、三年抓，为备考创设硬保障与软环境；就要坚持开好系列主题班会课，有计划，重效果，使之成为名副其实的"备考课"；就要坚持把每一次年级活动都作为高三备考课程来对待，精心组织策划和参与学校的各项活动，力求在各项活动中提振学生的精气神。

四、实实在在研究"三实"德育

教育的根本任务是立德树人，立人先立德，故德育工作应该摆在学校工作的首要位置。然而，怎样才能让德育工作落小、落细、落实，让德育工作接地气呢？

在"三实"德育理念的指导下，学校形成了独具特色的二高德育活动体系。

1. 研究德育队伍的网络化

德育工作网络以学校德育为主渠道，研究由学校、社区、家长代表组成的三结合教育委员会工作，研究家长委员会和家长学校工作。

二高强化由校长任组长，分管德育的副校长任副组长，学生处主任、年级组长为成员的德育工作领导小组的工作，强化学生处—年级—班级的层级管理系统。

2. 研究德育模式的自主化

在"三实教育"思想的指导下，学校加强研究突破传统的教育模式，积极构建学生自主实践型的德育新模式，培养学生的主体意识，发展学生的主体能力，塑造学生的主体人格。

二高继续大力构建全方位的学生自主管理体系，每年都召开学生代表大会，选举产生学生会，学生会干部在学生自主管理中发挥重要作用。二高在宿舍、班级、年级、学校四个层面建立了四级学生自主管理体系，以"诚信自律银行"为载体，在卫生、三操、电教设备、仪容仪表、出勤、集会、晨跑、早读、课间操、眼操、听讲、作业、晚自习、就寝、宿舍内务、教室卫生、食堂就餐、周末乘校车等方面开展全方位的自主管理。学生膳食委员会了解同学们对伙食的意见，及时与食堂经营方进行协商，促进食堂、校园店改善服务。这样的自主实践大大提高了德育工作的实效。

3. 研究德育活动的主题化

二高研究在不同时期，各年级段的不同情况，确定不同主题，开展系列教育活动，重点开展心理健康教育、手拉手助学活动、青年业余党校等主题活动，使德育活动主题化并提高"三实教育"教学成效。

4. 研究德育工作的学科化

课堂教学是开展德育工作的重要途径，二高继续强化对《深圳二高关于学科德育渗透的规定》的执行。

二高根据高中生的特点，研究思想政治课教学如何生动而有特色，充分挖掘思想政治课的德育功能，使之成为教育学生的一个重要园地。

5. 研究德育工作的校本化

德育工作本身就是一门课程，二高继续坚持将社会实践和研究性学习有机整合，让学生学会发现问题，带着问题参与公共事务，在参与过程中培养公民素养，在实践中解决问题，培养学生的创新思维和实践能力。

将研究性学习和社会实践整合起来，是二高提高学生综合素养的一个有益探索，二高要进一步研究如何发扬光大这种探索，争取使之在"三实教育"思想的滋润下结出声名远播的丰硕果实。

6. 研究德育评价的科学化

二高研究德育的科学评价、价值导向，在"德育学分管理实践研究"和"寄宿制高中自主管理的实践研究"两个省级课题的基础上加大投入，继续深入研究实验德育评价的科学化。

"三实"思想导先路，四方经营树新风

——"三实教育"思想与教师队伍建设

李剑林

2018年1月，中共中央、国务院颁布《中共中央 国务院关于全面深化新时代教师队伍建设改革的意见》（以下简称《意见》），《意见》明确指出，"教师承担着传播知识、传播思想、传播真理的历史使命，肩负着塑造灵魂、塑造生命、塑造人的时代重任，是教育发展的第一资源，是国家富强、民族振兴、人民幸福的重要基石"。"兴国必先强师"已经被提升到国家战略的高度，"人民对公平而有质量的教育的向往更加迫切"，"造就党和人民满意的高素质专业化创新型教师队伍"是教师队伍建设的迫切任务。

2015年，学校高玉库校长提出"三实教育"思想。经过近4年的探索实践，"三实教育"思想对教师队伍建设的指导作用日益凸显。

一、思想过硬

思想政治素质、师德水平提升与专业化水平的提高是教师队伍建设首先需要考虑的问题。同时，思想政治素质和师德水平又是教师队伍战斗力的保障条件。

1. 真实品行

教师的品行真实是日常教育教学活动中教师个人师德素养的综合表现，是教师职业道德在"三实教育"思想下的具体体现。当然，这种真实不是低端的原生态的简单式呈现，而是高尚师德指引下的对学生具有教育意义和价值的引领性呈现。在教师队伍建设中，思想政治素质和职业道德水平处于首要位置。在日常工作中，把社会主义核心价值观贯穿教书育人的全过程，教师培训突出全员、全方位、全过程的师德养成，推动教师成为先进思想文化的传播者、党执政的坚定支持者、学生健康成长的指导者，这些都是教师品行真实的具体内涵。只有这样，教师才能具有政治意识、大局意识、核心意识、看齐意识，自觉爱党、护党、为党，敬业修德，奉献社会，成为"四有"好教师，成为学生锤炼品格、学习知识、创新思维、奉献祖国的引路人。

作为党和国家教育政策的执行者，教师的政治站位要高远。只有站位高远，才能师德高尚。在具体的工作中，师德体现在每一位教师的职业理想、职业责任、职业态度、职业纪律、职业技能、职业良心、职业作风和职业荣誉八个要素上。这些要素从不同方面反映出教师职业道德的特定本质和规律，同时又互相配合，构成一个严谨的教师职业道德结构模式。教师的政治素养培育需要加强理想信念教育，深入学习领会习近平新时代中国特色社会主义思想，引导教师树立正确的历史观、民族观、国家观、文化观，坚定中国特色社会主义道路自信、理论自信、制度自信、文化自信；引导教师准确理解和把握社会主义核心价值观的深刻内涵，增强教师的价值判断、选择、塑造能力，带头践行社会主义核心价值观；引导广大教师充分认识中国教育的辉煌成就，扎根中国大地，办好中国教育。教师的师德师风建设需要宣传国家重大题材作品，推出一批人们喜闻乐见、能够产生广泛影响、展现教师时代风貌的影视作品和文学作品，发掘师德典型，讲好师德故事，加强引领，注重感召，弘扬楷模，形成强大正能量；注重加强对教师思想政治素质、师德师风等的监察监督，强化师德考评，体现奖优罚劣，推行师德考核负面清单制度，建立教师个人信用记录，完善诚信承诺和失信惩戒机制，着力解决师德失范、学术不端等问题。

2. 敬业精神

敬业即对自己的职业存在敬畏之心，也就是孔子所说的"执事敬""事思敬""修己以敬"。敬业精神既不是简单的"在其位，谋其政"，也不是造作的"战战兢兢，如履薄冰"，敬业精神的关键在于一个"敬"字。简单来说，就是教师在从业的过程中是有理想、有追求的，是在端正的态度和正确的方法的指引下改善工作现状的一种表现。

对教师而言，敬业精神首先体现在严谨的教风上。教师必须养成求真务实和严谨自律的治学态度，发扬严谨的教风：不管学生成绩是否优秀，不管学生的品行是否良好，他们都是教育的对象。教师需要公平地对待每一个学生，教师有责任、有义务引导教育每一个学生健康、和谐、全面地发展，接受每一个学生独特的存在，激发每一个学生的上进心，引领每一个学生走向人生的高峰。

诗人泰戈尔说过："花的事业是甜蜜的，果实的事业是珍贵的，让我们做叶的事业吧，因为叶的事业是平凡而谦逊的。"教师就是一个"平凡而谦逊"的职业，教师的心血淹没在每日平凡的工作之中。恰恰是这日复一日的平凡才体现了教师的职业精神。一次课堂提问，一次课后作业，一次课外交流，每一次都包含着原因与结果，都涵盖了技巧和方法。

3. 乐业品质

亚里士多德说，教育的根是苦涩的，但果实是香甜的。乐业的前提不是乐于工作或者热爱工作，而是给自己寻找一个乐于工作的理由。比如，这个工作适合我。适合我的，就是最好的；这个工作对我有价值，因为有价值，所以我乐于工作；这个工作让我感到满足，因为有获得感，所以工作中拥有乐趣。梁启超说："负责任最苦，尽责任最乐。"在工作中，教师不是被迫去担负一份教育的责任，而是发自内心地去尽自己的责任，这样才可以达到个人与职业的和谐，才能产生职业的幸福感。

拥有教育情怀是教师乐业在更高层次的体现。追求教育的真谛是拥有教育情怀的一种体现。著名特级教师于漪曾说："我有两把'尺'，一把是量别人的长处，一把是量自己的不足，只有看到自己的不足或缺点，自身才有驱动力。"教师的教学生涯是一个不断求索的过程，教师要不断地探索适合学生的教育路径。作为教师，每天都应该用心去解读学生的每一张笑脸或苦脸；用心去剖析学生的每一次得意扬扬或垂头丧气；用心去分享学生的每一次喜悦或分担学生的每一次失败；去寻找和发现每个学生的个性特长，挖掘每个学生的生命潜能，谋求每个学生的个性发展、按需发展。所以，于漪又说，我一辈子在做老师，一辈子在学做老师。

当然，教师也可以把教育当作自己的人生信仰。这种信仰可以指向对人生的改造，可以指向对国家的奉献，可以指向对民族的复兴，也可以指向对天下的教化。曾经，教育救国是一股强劲的思潮，蔡元培之于北大，张伯苓之于南开，陶行知之于晓庄，梁漱溟之于邹平，文化教育在这些先贤的心目中都是与国家民族的前途和命运息息相关的。新时期，随着国家对文化、教育、教师的重新定义，把教育当成自己的情感归依的人也日益增多。随着名师、专家型教师、名教师工作室、专家工作室、优秀教师、年度教师的日益增多，教育情怀的氛围也逐渐浓郁。

有什么样的教师就有什么样的教育，有什么样的教育就有什么样的民族前途。有情怀的教师，营造有人情味的教育；有人情味的教育，培养有人性的人；有人性的人，建构有人文取向的社会。

二、专业扎实

教师要实现自我成长和专业发展有许多途径与方法，其中有三条途径是非常重要的：第一，转益多师。杜甫说，"别裁伪体亲风雅，转益多师是汝师"。在教师的成长道路上，有名师专家，有前辈，有同事，还有学生，"三人行必有我师焉"。第二，勤于进修。我把进修学习视为一项福利，对于教学来说，大学阶段学到的课本知识是远远不够的，实践经验也不足以应对全部问题，因此工作之后专门地、系统地学习，专业发展的瓶颈才可能突破。第三，实践反思。教师是一个实践性反思的职业，包括两个方面：一方面是要重视教学实践。公开课、展示课是展示自己也是提升自己教育教学能力、水平的重要方式。另一方面是自觉反思，"反思—研究—实践"形成良性循环，在这个过程中，可以不断地消化、提升积累的实践经验，实现自我成长。

1. 专业知识与时俱进

教师的专业知识包括七个方面的内容：①学科知识；②一般教学知识；③课程知识；④学科教学知识；⑤关于习者及其特点的知识；⑥教育情境知识；⑦关于教育的目标、目的和价值以及它们的哲学和历史背景的知识。

学科知识和一般教学知识相对稳定。随着每一个新课标的修订都会有新的课程知识融入，这部分新的课程知识是每一位教师都需要学习和领会的，否则就会出现课标与教学"两张皮""以新瓶装旧酒"的现象。学科教学知识随着研究领域的推进而缓慢地变化，关注和了解学科最新研究成果，尤其是教学知识的新发现有助于开展有效的教学活动。学生和教育情境是教育教学活动中最为活跃的因素。它们的特点既有年代感，又有随机性，如何面对它们是教师专业性的直接体现。关于教育的目标、目的和价值以及它们的哲学和历史背景的知识，这部分内容受到历史、文化、政治、经济等各种因素的影响。

教师是教育过程中的主导力量，教师要不断更新充实自己的学识。博学多才对一位教师来说当然很重要。教师是直接面对学生的教育者，没有广博的知识，就不能很好地解学生之"惑"，传为人之"道"。但知识绝不是处于静止状态的，它不断地丰富和发展，特别是在被称作"知识爆炸时代""数字时代""互联网时代"的今天。因而，为师者让自己的知识处于不断更新的状态，跟上时代发展的趋势，不断更新教育观念，改革教学内容和方法显得更为重要，即所谓的"苟日新，日日新"。

《意见》提出，到2020年，建成一支师德高尚、业务精湛、结构合理、充满活力的高素质专业化教师队伍。教师是专业技术人员，专业人员做专业的事情。教师在专业上的发展永无止境。

2. 教学技法与日提升

教学方法论由教学方法指导思想、基本方法、具体方法、教学方式四个层面组成。教学方法包括教师教的方法（教授方法）和学生学的方法（学习方法）两大方面，是教授方法与学习方法的统一。教授方法必须依据学习方法，否则便会因缺乏针对性和可行性而不能有效地达到预期的目的。但教师在教学过程中处于主导地位，所以在教法与学法中，教法处于主导地位。

一位教师从入职到走向成熟，教学方法的学习和使用大致经历学习—运用—调整—稳定—创新等几个阶段。无论是什么样的课堂教学方法，还是什么样的教学组织形式，教师都可以尝试运用，在具体实践中逐步调整，选择适合自己知识结构和性格特点的教学方法，然后根据学生的具体情况有选择地运用，进而走向稳定阶段，逐步形成自己的教学风格。有科研能力的教师还可以自己研究探索新的教学方法，形成自己的教学体系。

3. 育人能力与事相成

教师的育人能力可以从学生的教育、课堂的管理和班级的管理三个方面培养。

教育的第一命题是培养什么样的人，这就要求教师自身首先具备育人的素养。作为一名现代教师，需要有高尚的人格魅力和思想境界，在教学中能给予学生良好的示范引领，使学生进行全面的学习。另外，教师文雅的举止、健康的情趣、大方的神态、优雅的谈吐，在教学中能给学生以积极的心理暗示，使学生精神振奋，情绪高昂，做到愉快地学习。

《意见》要求教师成为有理想信念、有道德情操、有扎实学识、有仁爱之心的"四有"好老师。任课教师要提高学科育人和实践育人的能力；班主任要重视班级文化育人，提高家校合作育人能力；心理健康教师应提高运用学科知识、理论、方法、实践促进学生健康和谐发展的能力；德育干部要提升通过多种途径设计和实施德育工作的能力；后勤人员要提高服务育人能力；学校领导应提高营造育人氛围、构建育人体系和课程体系的能力。

管理课堂的能力是教师教学中的一项综合能力，是教师基本素质的集中体现。提高广大教师管理课堂的能力，是学校保证教学质量也是培养更多合格学生的关键。教师的课堂管理能力与主客观多种因素有关：客观因素包括学生的个性特征和需要、学校对教师的评价体系、社会意识形态等；主观因素对一堂课的组织管理成功与失败起着更为直接和关键的作用。

班级常规管理、班风的形成、班级文化的构建是班主任育人工作的重点。融洽的关系、和谐的氛围、激励的机制、浓郁的学风都有利于班级个性特点的形成。但是，如何处理班级问题确实是考验班主任育人能力的试金石。疏导、批评、惩戒，在大海中学习游泳是班主任育人能力历练的重要途径。小课题研修和班主任专业化是班主任培养与自我修炼的有效途径。在班级管理实践中，班主任要以培养自己良好的专业习惯为重要目标。在课题研究中，提倡实用性、简洁性、操作性，并愿意实践"草根"式研修。在集中学习中，力求通过"集中报告""同体研修""网络诊断""沙龙论坛""叙事研修""研修足迹"，促进班主任小课题研究意识、研修习惯的养成，将"专业化"的追求目标落实在日常工作思考、实践中，让外显的、专业化的知识与个人内心的需求产生共鸣，形成一种力量，促进其内涵发展。

三、关系朴实

校园是现在社会中为数不多的熟人社会，然而，农耕文明下的交往准则并不都适用于现代校园。新时期，教育需要谋求新的发展，校园中的人际关系也需要进一步走向纯净。虚情换假意，真心换真情。关系朴实是"三实教育"思想为校园人际关系提供的一剂良方。

1. 师生关系

美国国家教师菲利普·比格勒在《美国最优秀教师的自白》一书中写道："掌握教学策略与技巧，不足以成就一名优秀教师，优秀教师让人充满希望，让人相信有一千个拥抱生活的理由。"美国罗恩·克拉克学校联合创始人、执行校长金·比尔登在《学生教我做老师》一书中指出，与学生建立起一种亲密的关系，这是教师能力中的一个基本要素。教师可以借此指导学生，塑造学生，帮助学生发现成功。

师生关系是指教师和学生在教育教学过程中结成的相互关系，包括彼此所处的地位、作用和相互对待的态度等。它是一种特殊的社会关系和人际关系，是教师和学生为实现教育目标，以各自独特的身份和地位通过教与学的直接交流活动而形成的多性质、多层次的关系体系。良好的师生关系不仅是顺利完成教学任务的基础，而且是师生在教育教学活动中的价值、生命意义的具体体现。

教育关系是师生关系最基本的表现形式，也是师生关系的核心。师生之间的教育关系是为完成一定的教育任务而产生的。这种关系是从教育过程本身出发，根据对教师与学生在教育活动中各自承担的不同任务和所处的不同地位的考察，对两者关系做出的教育学意义上的解释。师生之间不仅有正式的教育关系，还有因情感的交往和交流而形成的心理关系。心理关系是师生为完成共同的教学任务而产生的心理交往和情感交流，这种关系把师生双方联结在一定的情感氛围和体验中，实现情感信息的传递和交流。师生心理关系是伴随教学活动的开展而自然形成的，是教学活动中一种客观而基本的师生关系，它受到教学过程和结果的直接影响。教育教学活动是师生之间的互动过程，所以，师生之间的心理关系在教育教学活动中也起着举足轻重的作用，并贯串整个师生关系。

2. 伦理关系

师生之间的伦理关系是指在教育教学活动中，教师与学生构成一个特殊的道德共同体，各自承担一定的伦理责任，履行一定的伦理义务。这种关系处于师生关系体系的最高层次，对其他关系的形式具有约束和规范作用。

中华人民共和国自成立以来，师生伦理关系继承了老解放区师生之间的民主平等、尊师爱生的传统，坚决反对教师体罚学生，反对"教师中心论"和"儿童中心论"，批判地继承了历史上师生关系方面的优秀遗产，在社会主义教育实践中不断调整和发展，用新的经验丰富了师生关系的内容。新型师生关系应该是教师和学生在人格上是平等的，在交互活动中是民主的，在相处的氛围中是和谐的。它的核心是师生心理相容，心灵互相接纳，形成师生至爱的、真挚的情感关系。它的宗旨是本着学生自主性精神，使他们的人格得到充分发展。教师的素质是影响师生关系的核心因素。教师的师德修养、知识能力、教育态度、个性心理品质无不对学生产生深刻的影响。教师要使师生关系和谐，就必须通过自己崇高的理想、科学的世界观和人生观、博学的知识、严谨的治学态度、活泼开朗的性格、多方面的爱好与兴趣等来吸引学生。

3. 同事关系

同事关系是人际关系的又一个重要方面，这种关系主要表现为班主任与科任教师之间的关系、相同学科教师之间的关系、不同学科教师之间的关系、新老教师之间的关系、前后任教师之间的关系以及专任教师与教辅人员、后勤人员之间的关系等。

为了提高教育教学质量和效率，圆满地完成教书育人的任务，相同学科的教师要加强彼此之间的信息沟通交流，深入开展教研活动，加强切磋，协作互进，共同提高；要相互学习，取长补短，切忌阳奉阴违，盛气凌人；要虚心好学，学习别人的长处，学习别人的教育教学经验和班级管理艺术；要严于律己，宽以待人，切忌嫉贤妒能，以邻为壑。

随着社会的发展和科技的进步，各学科之间渗透与融合的现象日益突出，其相互依赖、相互联系、相互统一的特点日益彰显。根据这一趋势，教师应该树立全局观念，维护其他学科教师及其所教课程在学生心目中的重要地位和意义，主动配合其他学科的教师共同完成教育教学任务；要不断完善自己的课堂教学艺术，改进教学方法，提高教学效率，在自己的课程教学上对学生的要求要有分寸，使学生能够有充足的精力学习其他课程。

班主任和科任教师共同完成对一个班级的学生进行常规管理与教育教学的任务，因此应该相互理解、相互关心、相互尊重、相互支持。另外，专任教师与教辅人员以及后勤工作人员之间关系良好更有利于教育教学工作的开展。

4. 管理关系

学校管理关系的实质是一种伦理关系，要使学校管理有效成功，必须协调以下关系：学校与社会、利益相关者的关系以及学校内部个体成员之间的关系。

学校是学生成长的地方，相对比较单纯，但学校和学生都不可能脱离社会：学校要在社会中生存，学生要在社会中成长。在"三实教育"思想的形成过程中，学校对学生的管理和与家长的沟通都需要依法依规，按照章程办事。校园不是法外之地，要想让身为被管理者的学生服气，管理者本身必须行得正、坐得直，于小节无亏。同时，虽然教育学生是教师的天职，但在教育过程中，如果对学生的期望值过高，教师会产生"恨铁不成钢"的心理，甚至在教育过程中失去理性。教育是慢的艺术，要根据学生的实际情况对症下药，不能急于求成，正确处理主观与客观的关系，时时保持清醒的头脑，不可逾越师德这根红线。

对于学校而言，制度管理的实质是"校长管理"。因此，依靠一个有责任、有远见、有理想、有正义感的领导来管理学校，进行制度建设及利用制度来管理是必要的。在一个由几百位教师组成的学校里，校长一个人的力量是相当有限的。对学校的管理，校长主要通过中层管理团队来实现。校长的领导主要是思想的领导。校长是学校教育思想、办学理念的中枢，中层管理团队是信息传导的枢纽和关键节点。中层管理团队的能力水平直接影响着学校的发展，所以，中层管理团队是学校管理的中坚力量。校长要办好学校首先要有一支团结的，能领悟学校办学思想，特别是能创造性地开展工作的中层管理团队。

管理的要素很多，其中管理人是最重要的。管理人最重要的是让员工积极肯干。虽说制度管人，流程管事，但人的主观能动性不是制度能提高的。正如习总书记所说"撸起袖子加油干"，成绩肯定是干出来的！一个单位，尤其是学校这种充满创造性元素的环境，如何让员工积极肯干，激情满怀，这对管理者自身素质的要求其实很高，包括管理者的眼光、格局甚至智力水平，也跟管理者自身的道德品质有所关联。

《意见》提出，到2020年，形成一支师德高尚、业务精湛、结构合理、充满活力的高素质专业化教师队伍。教师队伍整体素质大幅提高，普遍具有良好的职业道德素养、先进的教育理念、扎实的专业知识基础和较强的教育教学能力；教师管理制度科学规范，形成富有效率、更加开放的教师工作体制机制。

到2035年，教师综合素质、专业化水平和创新能力大幅提升，培养造就数以百万计的骨干教师、数以十万计的卓越教师、数以万计的教育家型教师。教师管理体制机制科学高效，实现教师队伍治理体系和治理能力现代化。教师主动适应信息化、人工智能等新技术变革，积极有效地开展教育教学。尊师重教蔚然成风，广大教师在岗位上有幸福感、事业上有成就感、社会上有荣誉感，教师成为让人羡慕的职业。

在国家和民族发展的道路上，教育这一领域拥有无效广阔的空间为从业者搭建舞台；在教育不断变革的过程中，教师这一职业拥有无比远大的发展前景；在每一次教育变革的节点上，无论是学校还是教师个人，只要把握机遇，都可以成为新时代的弄潮儿。

第二章

脚踏实地铸长剑

阳春布德泽，万物生光辉

——"三实教育"思想与高效课堂教学

李 罕

2019年10月28日，在深圳市教育局召开的高中教育教学工作会议上，深圳市第二高级中学（以下简称"二高"）再次荣获深圳市高考工作最高奖项——卓越奖！（见图1）

图1

二高全体教师在学校"三实（真实、朴实、扎实）教育"思想理念的指引下，在高玉库校长的率领下，同心同德，励精图治，狠抓高效课堂教学，实现办学质量快速提升，因而连续十年获得殊荣！（见图2）

图2

一、"三实教育"思想，引领高效课堂教学

习近平总书记在全国教育大会上指示："要把立德树人融入思想道德教育、文化知识教育、社会实践教育各环节，学科体系、教学体系、教材体系、管理体系要围绕这个目标来设计，教师要围绕这个目标来教，学生要围绕这个目标来学。凡是不利于实现这个目标的做法都要坚决改过来。"

学校的"三实教育"思想，就紧紧围绕这一育人目标来实施。

所谓"三实"，就是我们的课堂教学要做到"真实、扎实、朴实"：①真实——课堂符合学生的接受能力，所教的内容是学生希望得到的东西，教授的内容真实有效、不浮夸；②扎实——教学目标明确，内容不在多而在精，重在落实，重在掌握，重在理解；③朴实——注重形式的互动，不流于形式，不在流光溢彩而在朴实。

我们认为，"三实"课堂就是一种立德树人的真善美的课堂（见图3）。

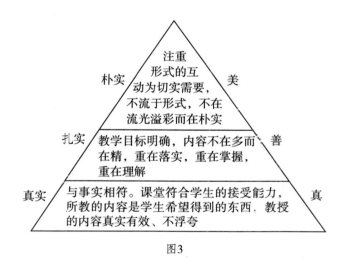

图3

为此，学校在高效课堂教学方面围绕"三实教育"思想，提出了八大具体要求。

1. 真实（真）

（1）科学性。

① 有合理的全面的教学目标。不仅让受教育者掌握知识形成技能，更培养他们良好的道德品质和健全的人格以及适应社会生活的能力、与人合作的能力。

② 有符合学生实际的适量的教学内容、适当的教学方法、适宜的教学氛围和适度的教学节奏。

（2）自主性。

让学生成为课堂主体是现代教学改革的必然趋势。只有以充分发挥学生的主体性、积极性、主动性、创造性为前提，引导他们在民主、宽松、和谐的教学氛围中自主学习、合作学习与探究学习，才能获得高效的课堂教学效果，让学生得到全面发展。

2. 扎实（善）

（1）互动性。

课堂上的师生交流分为四种：①单向交流，教师讲，学生听；②双向交流，教师问，学生答；③多向交流，师生间、学生间相互问答；④综合交流，师生共同讨论、研究、探索。高效课堂要求师生多渠道、多层次、多方位、多手段地进行交流。通过交流，丰富课程资源，增加信息和知识总量；通过交流，架起沟通理解的桥梁，顺利完成教学任务。

（2）开放性。

开放性包括教学目标的开放性、教学内容的开放性、教学方法的开放性、教学过程的开放性、教学活动的开放性等。开放的课堂里没有"硬灌"和死记硬背的痛苦，没有对学生思维的禁锢和限制；开放的课堂充满生气，体现了师生经验的共享、视界的融合，拓展了学生的活动空间，给每个学生带来力量、自信和希望。

（3）情境性。

课堂教学不是按图索骥、墨守成规的过程，而是师生共同体通过共同研究、共同探讨，不断生成新的知识、产生新的问题、找到新的解决办法的过程。要想达到这一目的，就必须注重教学的情境性，如果学生在上课的时候身临其境，全身心投入，教学的最佳时机就抓住了，探究新问题、建构新知识的最佳时机也就到来了。

3. 朴实（美）

（1）和谐性。

苏联著名教育家巴班斯基说："学生的学习成绩，在很多方面取决于选择和运用教学方法最优结合的技能、技巧如何。"作为教师，要全面考虑教学规律、原则、形式和方法，该教学系统的特征以及内外部条件，要善于协调影响课堂教学的各种因素，将它们有机地、和谐地整合起来，以达到教学过程的最优化、教学效果的最优化。

（2）创新性。

创新是使课堂充满活力的法宝，应贯穿课堂教学的全过程。创新的课堂要敢于打破常规，对教材内容做适当取舍，增加体现现代科学的新成就、贴近社会生活和学生生活实际的内容；创新的课堂要使学生由苦学变为乐学，增强学生的学习兴趣；创新的课堂要引导学生进行合作探究学习，多给学生动手实践的机会。

（3）人文性。

高效课堂是对学生充满人文关怀的地方，是充满生命力和吸引力、充满快乐和使人幸福的地方。在这里，完美的教学一定能让学生感受到人性之美、人伦之美、人道之美；感受到理性之美、科学之美、智慧之美；感受到人类心灵的博大与深邃、人类创造的文化的灿烂与辉煌；唤起学生对于生活的热爱与期待；唤起学生对未来生活的憧憬和向往。

二、"三年培养一盘棋"，设计高效课堂教学

高玉库校长到二高后，以一位教育专家的敏锐洞察力，指出了学校提升教学质量的几大关键点。其中之一就是教学必须"三年一盘棋"！每个科组都必须在教学目标、教学内容、使用教材、上课课件、征订教辅、课后作业、补差培优等教学的各个方面形成一套可复制的、有传承性的、科学的三年备考方案。以保证无论是何种水平、态度的教师，无论是何种类型、结构的班级，都能使教学稳定在一个相当的水平之上。

为此，学校教务处、学科组做了多年的深入研究和实践。目前，"三年一盘棋"的观念深入人心，高效课堂也得到了最大保障。以下是几个科组的示例。

1. 政治学科

为迎接新的挑战，下好"三年一盘棋"，科组开会研讨，定任务、定人员，不浮夸、不逃避。

2020级高一学生要面对6本新书，要制作全新的PPT，书写全新的教案。我们不畏惧，我们愿意冲锋在前。

2019级高一在吸取了2018级"3+1+2"新高考选科排列组合的经验教训后，对于学生的分科指导变得更加精准。我们更深刻地认识到，上好新形势下的思想政治课，培养学生树立正确的国家观、历史观、人生观、价值观是我们的核心任务。

2018级，我们是第一个吃新一轮高考改革螃蟹的人。为此，备课组积极进行课程研讨、限时训练、讲题、讲套路、家校指导，我们逐一攻关，一个不落。

2. 英语学科

英语基础课程群见表1。

表1

英语基础课程群		
国家课程	听说课程	阅读课程
高一 内容：外研社教材B1~B4。 学时：120+课时（每模块5课时）。 考核：6次学段考试。 每学期2学分	内容1：教材话题拓展或外教自选话题听力材料。 学时：每周一节（外教课）。 内容2：天学网听说课程第一段。 学时：随堂进行，每周一次20分钟。假期每两天一次，每次20分钟。 考核：随学段测试考核	内容1：英语杂志一份。 内容2：备课组规定英语课外读物，每学期读完2本。 学时：每周一节。 考核：分书目考核，考核合格获得阅读证
高二 内容：外研社教材B5~B8。 学时：120+课时（每模块5课时）。 考核：6次学段考试。 每学期2学分	内容1：教材话题拓展或外教自选话题听力材料。 学时：每周一节（外教课）。 内容2：天学网听说课程第二段。 学时：随堂进行，每周一次20分钟。假期每两天一次，每次20分钟。 考核：随学段测试考核	内容1：英语杂志一份。 内容2：备课组规定英语课外读物，每学期读完2本。 学时：每周一节。 考核：分书目考核，考核合格获得阅读证
高三	冲刺高考，备课组自选教材	
目标说明： 1. 高一、高二侧重夯实基础知识、篇章解读，同时融入思维训练和文化认知与品格培养，引导学生形成良好的学习习惯和策略。面向高考，不唯高考。 2. 高三专注高考。侧重语言知识及结构体系化，加强语言准确性；侧重解题能力和规范训练，提高解题得分率		

三、三个环节齐抓好，保障高效课堂教学

（一）抓好备课、磨课（扎实）

没有备课时的全面考虑与周密设计，就没有课堂上的有效引导与动态生成；没有上课前的胸有成竹与了然于胸，就没有课堂中的游刃有余与从容自信。

1. 数学学科认真抓好"一课三备"

多年来，数学科组一直坚持自觉践行"一课三备"的要求，具体操作如下：①将备课任务细分到个人，集体讨论每节课的重难点、课时安排；②由承担备课任务的教师认真研读教材教参，综合大量教辅和资料后，根据实际学情制作课件，并提前一周将课件（包括导学案）提交备课组讨论；③由备课教师根据大家的意见修改课件并上传到部门网络文件夹，备课组教师下载课件并根据个人教学风格以及所任教班级的具体情况对课件做相应的个性修改。

每周三下午所有数学教师的备课活动就是一场"头脑风暴"，大家就教学目标、重难点、教材教法等的处理是否科学合理，课堂设计是否做到低起点、大容量、自然生成等问题进行热烈的讨论。在这个过程中，科组各位教师紧密配合，经验共享，形成合力，推进教育教学，新老教师都在完善和进步。

2. 生物学科严格落实"一课三备"

生物学科每周至少集体备课一次，每次严格做到"四定"（定时、定点、定内容、定主讲人）、"四说"。

（1）教学内容。

①说该章节的教学目标、重点、难点、关键点，说该章节的内在联系，说该章节内容同教材其他部分的前后联系，说应让学生掌握的原理、规律、方法、技巧以及重要的学科思想，说过去教学的经验与教训。②说可供选择的实例（说实例的背景、条件和结论），说可以用到的思想和方法，说实例可引发的思考，说怎样利用实例引导学生积极思考。

（2）课堂。

①说课堂的优化模式：结合本节知识点，共同探讨课堂结构的最佳形式；结合班级特点，研究有班级特色的组织形式。②说课堂情境：说该堂课的生活情境、问题呈现情境、激励情境等。③说活动的开展：说该堂课应开展的活动，说活动的目的、意义、价值，说活动的组织形式、程序等。④说课内可能出现的问题：说在实施互动教学中，学生可能出现的知识疑点、可能出现的思维障碍，说帮助学生解决问题的办法，说教师教学中应重点注意的环节，这些环节中可能遇到的操作困难及可采取的措施。

（3）学生。

①说学情：说学生的知识掌握情况，学习习惯、学习兴趣、学习效率情况。②说能力：教师相互交流所教班级学生已达到的能力，共同分析了解学生的"最近发展区"，说学生还有哪些能力可以挖掘和训练。

（4）教法学法。

①说导：说怎样引导学生更全面、更深刻地领会知识的实质，说怎样在学生易错、易忽视的地方导出缜密思维，说怎样在学生易满足的时候导出更高追求，说怎样在重要的学科思想方法上导出学生的学科素养，说怎样在学科审美上导出学生的高尚情操。②说错：说学生解题出错的原因、纠错的方法，说出错误引发顿悟的过程以及探究正确的解题思想的方法。③说学：说学生学习方法的差异所在，说可以借鉴的已有的好方法，说学生目前分析不足的原因，探究解决不足的策略。

（二）抓好课堂、课后（朴实）

1. 课堂A：常规课堂

学校对常规课堂非常重视，因为每天的课堂是否高效决定了教学质量能否提高。各科组利用科组会和集体备课，研讨并达成共识，形成基本的、稳定的、规范的课堂常规；鼓励全组教师全天候敞开课堂大门，相互听课，交流沟通，互帮互学；鼓励并帮助教师发挥自身的专业特长，培育并形成具有各自风格、特色的教学样式。但无论如何，常规课堂必须实现三个转变：①从教师的精彩讲解转变为学生的广泛参与；②从教学环节的完整性转变为教学内涵的合理性；③从课堂表象化的活跃转变为学生深层次的内化。

在常规课堂中，我们要求高效课堂教学实现八个"度"：①细化探究目标，教学有梯度；②创设探究情境，学习有温度；③落实探究实践，参与有维度；④优化探究体验，体悟有厚度；⑤精选探究练习，学习有效度；⑥提升探究总结，思考有深度；⑦拓展探究作业，研究有广度；⑧关注探究评价，发展有宽度。

例如，心理辅导课设计模型：①从学生需求出发设计主题；②从理论高度指导架构网络；③从科学流程思考形成教案；④从实效角度打磨操作流程；⑤从学生感受反馈评价效果；⑥从教师角度形成自我风格。

2. 课堂B：展示课堂

学校教务处每学期都会认真组织各种形式的公开课（高三复习公开课、同课异构公开课、青年教师汇报课、骨干教师研讨课、特级高级教师示范课等），保证每位教师每学年至少上一节公开课。

（1）2018—2019学年第二学期教务处公开课系列上百节。

①高三同课异构公开课；②教师技能比赛公开课；③名师系列公开课；④全市同课异构公开课；⑤省外交流公开课；⑥协作体同课异构公开课；⑦入

职三年教师公开课；⑧"三实"研讨会公开课。

（2）2019—2020学年的公开课中，教师的高效课堂展示示例如下。

① 语文教师王文雄的示范课《长恨歌》，从"以意逆志，知人论世"两种角度走进诗歌，理解诗歌，揣摩诗歌，以激情四射的教学语言，以认识美、理解美、运用美等唯美的教学探索，让学生深入了解《长恨歌》谁在恨、恨什么、为什么恨，深入探讨多元主题，获得极高赞誉。

② 数学教师闫瑞习的"方程的根与函数的零点"从学生熟悉的一次方程、二次方程求根问题出发，借助函数图像研究对数相关方程的根，探究函数有零点的必要条件，思维层层递进，方法丰富多样，逻辑清晰自然，主题鲜明突出。教师关注学生数学素养的提升，效果良好。

③ 英语教师肖英的"全英教学阅读课"从单词入手，以单词游戏与竞赛的形式呈现，学生通过耳语传递词汇，教师借此提出情境记忆词汇的高效方法。两个烧伤急救的短视频训练学生从真实语境获取重要信息和快速记笔记的能力。互补式阅读教学形式多样，令人耳目一新。其他教师评价：课堂设计新颖超前，纯正英腔堪称一绝！

④ 物理教师王东升的"力的分解"，从思维导图切入，引导学生进行力的分解，并练习三角函数在物理中的应用及数学运算，借助小视频演示生活中的实例，帮助学生分析理解"力按效果"的具体分解方法。学生有思考、有落实、有生成，教师有引导、有启发、有归纳。

⑤ 化学教师王艳丹的"氧化还原反应"，从"为什么切开的苹果会变黄"和"为什么红酒需醒酒"引入，以六个探究问题贯穿：a. 从得失氧的角度；b. 从化合价的角度；c. 分别用双线桥和单线桥表示；d. "八字诀"讲氧化还原所有概念；e. 举例并用图表表示氧化还原反应与四大基本反应的关系；f. 用（价—类—结构）三维图、二维图、一维图寻找并判断氧化剂和还原剂（本节课的创新和亮点所在）。精心的设计得到了师生的高度认可与好评。

⑥ 生物教师刘珺的"种群的特征"，送去了二高生物组课题成果——问题情境导学教学模式。首尾两段视频，藏羚羊被疯狂猎杀的沉痛到现今数量逐渐回升带来的喜悦两种情感前后呼应，过程中围绕特定情境提出递进问题，引导学生进行科学思维：科学构建种群密度调查的数学模型、科学分析误差、体验抽样方法、理解种群特征间的联系，最终构建概念模型。其他教师感慨：原来课还可以这样上！这是真正将生物学科核心素养落到了实处！

⑦ 思想政治教师光婷婷的"新时代的劳动者"，以生涯规划大闯关为线

索，环环相扣："职业生涯知多少"激发学生对未来职业的思考和憧憬；"高中模拟招聘会"，学生感言要努力提升素质才能在激烈的竞争中脱颖而出；"透析形势，把握机遇"使学生认识到新业态、新模式、新动能，大众创业、万众创新的时代，也面临着前所未有的机遇；最后，《70秒爱上祖国》的短片，70年新中国翻天覆地的变化发展让学生热血沸腾。

⑧ 历史教师张慧研的"资本主义民主政治制度在欧洲大陆的扩展"，以"知"民主政治之历程、"探"民主政治之差异、"感"民主政治之价值为主线，通过提供新材料、创设新情境，践行"三实教育"理念，既营造了轻松活跃的课堂氛围，更凸显了新课程改革素养立意的核心精神。学生思维活跃，课堂参与度高。听课教师对该课设计思路、课堂效果评价很高。

⑨ 地理教师陈伟华的"大气的水平运动——风"以《起风了》的演唱开场，迅速点燃全班热情。接着用"捕风捉影"探究风形成的过程及影响因素；通过联系物理学科中常见的力（如水平气压梯度力、地转偏向力、摩擦力）讲述高空风、近地面风从而诠释风。然后，以高考真题为例，探究地理原理在生活中的应用。最后，用"起风了，你会去哪里"结尾，送上祝福"大鹏一日同风起，扶摇直上九万里"，结束这节精彩的公开课。

3. 课后作业布置

课后作业布置如物理学科的高效课堂延伸。

（1）当前提高课堂教学的有效性已经达成共识，物理作业是物理教学不可或缺的环节，但是高中物理作业仍存在以下几个问题。

①"题海战术"。为了应对高考，盲目赶进度，有的基本概念刚讲完，就马上引入大量高考题和模拟题进行强化训练，不加取舍地依靠现成的试卷或是教辅材料，学生课余时间几乎全被作业占据，而真正给学生以情感陶冶和智慧提升的鲜活的物理消失了。②"无设计感"。作业模式单一、内容统一，缺乏层次，不能充分考虑学生的学习意愿与个体需要，也不适合学生个体的发展。作业设计的系统性较差，只见"树木"，不见"森林"，对学生在高中三年各个年龄段的目标达成的把握、能力递增层次、程度、侧重点的研究较少。

（2）针对以上问题，物理组提出"宁舍题量，少讲多点拨"的思路。

①作业设计要少而精。改进作业设计，作业练习从紧扣重点、把握难度等方面进行精选。教学中，加强基础性训练，强化作业题目的典型性和示范性，做到训练一道题，让学生掌握一类题型的解题技巧，能举一反三。胆子要大一

些，大胆删除难题、偏题、怪题。②作业设计要有层次性。在布置作业时，关注每个学生的发展，根据学生的不同层次布置不同内容和难度的作业，让不同层次的学生都有所收获。③物理作业设计要适当增加开放性内容。高中物理课标明确提出了使物理贴近学生生活、联系社会实际，倡导科学探究活动，学生的课后作业也应该关注周围的生活，如游乐场中的物理，车站、码头上的物理，超级市场中的物理等。④尝试作业的多种批改方式，促进有效反馈。教师精批细改后，可通过简短文字提示学生，点拨到位，让学生略有所悟。作业面批面改，可以使教师针对学生个体差异，有目的地给予辅导，帮助学生克服概念理解或解题方法上的障碍。

（三）抓好听课、评课（真实）

1. 英语学科的"三实"评课（见表2）

表2

维度		细目	结果
教学目标		1. 重视培养学生核心素养（语言能力，学习能力，思维品格，文化品格）。 2. 目标具体精准，有层次，可操作性强	
教学设计 （朴实）	内容	1. 主题意义引领下的教学设计（设计任务与主题间的意义关联，各环节间任务的意义关联）。 2. 任务设计的语言性、社会性、文化性、思维性及对学习策略的促进性（提问与解答能否促进学生语言表达、多元思维和深度学习的发展）。 3. 各环节的重难点把握，前后环节间的难度递进与平衡（前后环节的脚手架作用如何）。 4. 学习成果的生成性。 5. 拓展材料以新颖有趣为佳；语言以利于模仿为佳	
	形式	1. 合理引导学生自主、合作探究（小组互动是否切实需要）。 2. 在符合条件的基础上，以有创新为佳	
教师素养 （扎实）		1. 仪表得体，教态自然。 2. 指令简洁；导入自然、讲解准确；与学生沟通能起到正向激励作用。语言以风趣幽默、充满哲理为佳。 3. 板书规范明晰。 4. 课堂组织能力强。 5. 富有教学机智，以能根据学生反馈及时调整教学策略为佳	

续 表

维度	细目	结果
教学效果 （真实）	1.学生是否构建了语言结构化知识？ 2.本课堂核心素养的目标是否得到落实？ 3.学生情绪体验如何？真正参与度如何	

2. 语文学科的"三实"评课

结合"一人一节课"活动，抓住"上课—观课—研课"三个环节，认真组织听课、评课，做好课堂即时指导。要求每位教师每学期听课不少于20节。

评课遵循"四部曲"：①上课教师说课；②听课教师议课；③骨干教师点评；④上课教师谈收获。真正做到"人人参与，人人思考，人人发言，人人受益"。

成果做到"三个一"：一份课堂实录（教学案例），一份教学反思，一份组内评议。

3. 生物学科的"三实"评课

每两周至少组织一次听课评课活动，在评课活动中，做到知无不言，言无不尽，提炼精华，供大家参考借鉴，真诚地指出不足，促进大家深入研究，改善教学。营造浓厚的学习氛围，发扬取长补短、友好合作的精神，使教师优势互补，形成合力，不断提高教学质量。

4. 地理学科的"三实"评课

归于朴实，改革地理评价体系促进学生全面发展：①把"学"作为评价的着眼点。通过学生的"学"来评定课堂教学质量，评判教学内容、教学策略的合理性与有效性，判断教师的教学能力、文化底蕴、教育教学观念与其他修养，显示评课的实效性。②把学生学习过程作为评价重点。学生是学习活动的主体，学生的学习过程是课堂教学最重要、最有价值的环节。从学习活动中，我们既观察学生的学习方式与策略、学习习惯、学习品质与水平、学习效果等诸多情况，也评测教师的教学态度、教育观念、知识底蕴、教学水平等。③关注学生的学习发展。课堂教学评价不仅要看学生对知识的理解和技能的掌握，还要看影响其学习的其他智力、能力因素的发展；不仅要看学生的课堂参与状态，还要看影响其学习的情感、态度等非智力因素的发展。

5. 教务处的评课标准

（1）好课的标准——"三实"，即真实、朴实、扎实。

（2）高效课堂教师备课的原则。

①检查与了解——什么是学生已经懂的；②概括与提炼——什么是学生不懂但自己看教材可以懂的；③讨论与交流——什么是学生不懂、看教材也不懂，但通过合作学习可以弄懂的；④讲授与阐明——什么是必须老师讲的；⑤活动设计与示范——什么是老师讲了也不懂，必须通过实践才能懂的。

（3）对教师备课的评价标准。

①脑中有纲（标准）；②胸中有本（教材）；③目中有人（学生）；④心中有数（差异）。

（4）高效课堂的评课原则——"以学论教"（认知角度、情感角度）。

①学生该听的听了没有；②学生该说的说了没有；③学生该想的想了没有；④学生该做的做了没有。

（5）高效课堂的评价标准。

①教学目标达成度高（课堂学习讲求效率）；②学生的参与度高（学习情态积极高涨）；③学生的幸福度高（学习愉悦、快乐、健康）。

总之，课堂教学不是简单的知识学习的过程，而是师生共同成长的生命历程，是激情与智慧综合生成的过程。

四、三类学科各有特色，展示高效课堂教学

（一）高考考试部分学科

1. 语文学科的高效课堂展现

语文教育有三重境界，即"人技语文教育""人格语文教育"和"人生语文教育"。"人技语文教育"侧重于给学生以语文知识技能，"人格语文教育"注重将语文养料内化为学生自己的精神，"人生语文教育"则引导学生最终把语文素质与自己的人生融为一体。如果说"人技语文教育"给学生以"真"，"人格语文教育"给学生以"善"，那么"人生语文教育"则将学生引向生命之"美"。

"三实"语文课堂教学模式将语文教学的三重境界一一呈现，既教学生语文知识，又培育学生人格素养，更做到了启迪和丰富学生的人生智慧。

语文"三实"课堂教学模式的课堂标准共有五条。

（1）课堂上给予学生充分的空间与时间。

关键词：信任（相信学生行，敢把时间给学生）。

（2）课堂上师生间有情感交流。

关键词：安全感、真诚、尊重、敢问、敢说、欣赏。

（3）课堂上学生参与度高。

关键词：会听、会想、会说、会写（认真倾听、独立思考、畅所欲言、书面表达）。

（4）课堂上教师能真诚地关注每一个学生。

关键词：体态语、及时、真实、充分、双向、触及心灵。

（5）语文味浓厚，且扎实、有效。

关键词：语言、文章、文学、文化。

2. 数学学科的高效课堂展现

（1）学校数学课堂教学模式有如下十个课程原则。

①以学定教；②先学后教；③少讲多学；④知情并重；⑤当堂过关；⑥控制难度；⑦自主学习；⑧主体参与；⑨合作学习；⑩切身体验。

（2）教学基本步骤如下。

①情境引入，导入新课；②预习展示，发现问题；③组内合作，交流讨论；④提出想法，交流展示；⑤过关检测，当堂达标；⑥布置作业，课外拓展。

（3）除了统一的教学原则和基本步骤外，数学课不同课型有着不同的教学模式。

①知识新授课：自主查找课本资料，自主理解、消化、吸收；②知能提高课：自主完成练习学案，自主交流展示评测；③章节复习课：自主构建知识网络，自主归纳题型方法；④试卷讲评课：充分暴露问题错误，及时自主解决修正。

（二）艺体特色学科

1. 体育学科的游泳特色课堂

人人会游泳，人人懂救生（真实、朴实、扎实），为此，二高还有游泳考核标准。

2. 音乐学科的特色课堂

音乐教学一直注重培养学生对音乐的兴趣，发展他们的音乐感受力和想象力。教学内容不照搬教材，选择贴近日常生活、符合学生兴趣和能力的内容，通过"体验、比较、探究、合作"等教学形式，培育学生良好的情操和健全的人格。让学生带着浓厚的兴趣走进音乐课堂，让学生经常保持一种对音乐学习的积极心态和愉悦体验，学生便真正体会到音乐的乐趣，音乐课堂便成了学生的精神家园，成为其心灵里美好的东西。

同时，我们觉得强调音乐实践、开发创造潜能最为重要，表演是最好的学习。学生对音乐的好奇心、表现欲、成就感都可以通过表演来获得。课内，在组织音乐教学活动方面，我们特别关注以下几个方面：①发掘学生的创造性；②勇于引导学生积极开展自主探究、合作交流；③面向全体，关注个体差异。

在高一和高二选修课程的教学中，尽可能地为学生提供参与音乐实践活动的机会，引导和鼓励学生运用音乐的形式表达情感、交流思想。从2020级新生开始，我们将在每学年结束时对所有艺术选修课程进行"艺术课程教学汇报演出"，学生的表现也将作为我们考核评价的重要参考依据。学生在音乐学习过程中参与个体或群体的音乐表现实践，能享受音乐实践活动的乐趣，并能伴随感性经验的积累深化对音乐的理解，能在音乐实践和综合表演活动中不断提升音乐艺术表现技能，增强艺术表达的自信，培育团队精神。

3. 美术学科的特色课堂

"人生职业规划"主题生涯规划课。

上课流程如下。

（1）情境导入：短片导入，引发学生对职业的思考。

（2）现场"影评"：帮助学生整理思路，强化对职业的认识。

（3）提出问题：通过讨论和交流，启发学生寻找自己。

（4）职业幻游：让学生在臆想中开始潜意识地规划职业、未来。

（5）彩绘人生：想象落实在纸面上，更准确地表达和面对自己。

（6）交换人生：得出结论——职业生涯，你不主动规划，就会被规划。

（7）课堂表演：才艺展示，烘托课堂氛围，强化规划人生的重要性。

（8）课堂讨论：引导学生自我反思，分辨自己目前的正负能量。

（9）写给未来：无论是鼓励还是警醒，都会产生无形的期待和提醒。

（10）总结目标：树立高中学习目标，定位未来的职业人生规划，准备遇见最美好的自己。

（三）创新实践学科

在"三实教育"的引领下，为实现人人是创客的目标，技术科组以"真实的基础课程、扎实的个性课程、朴实的自我发展"形成三层培养机制与课程，实现普及+精英的创造力人才培养体系。

完善跨学科课程体系，开发校本课程，结合新课标，将信息技术、通用技术学科核心素养全面融合，形成跨学科课程，推进跨学科课程全面实施，实施高效课堂（见表3）。

表3

课程名称	授课教师	上课地点
速制智造	史野锋、陈丽洵	创客空间
基于Python的人工智能初识	官海燕、李琰	计算机教室
影视传媒	李倩倩、吴沛雨、刘莹	演播室
创意项目设计与实践	周茂华、秦峰	创客空间
竞赛课程（3D技术、人工智能、机器人、创客马拉松）	周茂华、官海燕、李琰、秦峰、史野锋	创客空间、机器人教室、计算机教室

五、三层进取结硕果，赢在高效课堂教学

高考十年，二高卓越十年！以"三实教育"思想为指引，紧抓高效课堂教学这个牛鼻子，学校的荣誉纪录一直被刷新——仅以2019年为例。

1. 个人荣誉（真实）

全市教师技能大赛，学校进入全市大赛的名单见表4。

表4

语文	姜陆陆、陈晓彦	数学	闫瑞习
英语	陶琴	化学	肖珊珊、刘洋
政治	亓娜	地理	贾倩
心理	李路荣	信息	李琰
美术	刘慧	体育	黄晶晶

2. 科组荣誉（扎实）

深一模，学校政治科组排名全市第4，历史科组排名全市第7，10个学科中，有7个排名全市前十。

3. 学校荣誉（朴实）

2019年，学校创造了重本率68.19%，本科率文科100%、理科99.28%的高考奇迹。优异成绩的取得离不开校领导的高瞻远瞩、运筹帷幄，离不开学校"三实教育"理念的深入人心，更离不开以优秀教师为代表的全体高三团队团结一心，励精图治，不计回报，爱岗敬业（2019年高考喜报如图4所示）。

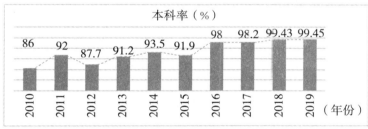

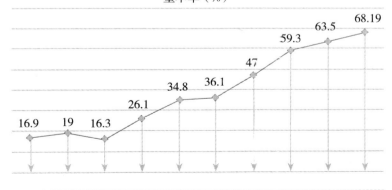

图4

时代赋予了深圳建设社会主义先行示范区的重任，作为优质高中的样板学校，学校也将不忘初心，牢记使命；不负重托，砥砺前行！全体二高人将在"三实教育"思想的指引下，聚全校之心，举全校之力，辛勤耕耘，不断奋进，让我们的努力和成绩跟上学校的发展步伐与节奏，使二高这张闪亮的名片在深圳教育的沃土上越来越熠熠生辉！

"三实"与学校德育建设

胡顺魁

党的十八大提出，要把立德树人作为教育的根本任务。学校德育工作是落实这一根本任务的主要途径，要实现在常态下更好地落实立德树人这一根本任务，学校德育工作就要构建全面的培养体系，增强德育的针对性、实效性、主动性，打造学校德育工作特色。

2007年，深圳市第二高级中学（简称"二高"）建校伊始，学校就确立了"以尊重的教育培养受尊重的人"的办学理念，其中"尊重的教育"是指以尊重作为教育的起点和前提，建构尊重的教育氛围，其核心是尊重学生，关键是建构新型师生关系。"培养受尊重的人"是教育的目标。通过"尊重的教育"对主体的内在品质进行塑造，从而赢得他尊和获得自尊。建校之初的"尊重德育"建设，为学校构建融洽的师生关系、赢得社会的肯定做出了积极贡献。

2016年，高玉库校长针对学校办学的发展前景和追求，提出"真实、扎实、朴实"的"三实教育"思想，用实际行动践行"以尊重的教育培养受尊重的人"的理念。

2017年7月，高玉库校长在学校第二届德育研讨会上具体指导阐释了"三实德育"，指出德育的真实要体现真心、真我、真性情；德育的扎实要追求方法有效，充分体现"设计""滋养"和"雕琢"的用心；德育的朴实要摒弃喧嚣的华丽，还德育于质朴的本源。

接下来，我谈谈对落实"三实德育"三个方面的粗浅认识。

一、如何落实真实的德育

一方面德育目标要真实，即德育目标要符合国家的需要，严格按国家要求的德育内容进行落实；另一方面德育内容要真实，要符合学生的心理需求且回归生活，认清学生的困惑，契合学生真实的需求，这样才能真正激发学生的学习动机，使学生获得真实的成长。相反，如果我们所给的不是学生想要的，所讲的不是学生想听的，我们的工作就会事倍功半，收效甚微。德育目标与内容要真实，还包括在施教的过程中，以实事求是的态度，真真实实地揭示时代和社会生活所呈现的基本事实、客观真相、运动状态、发展走向等，不回避、不掩饰、不歪曲社会生活的真实状态。

下面我以德育内容为线索，就2019—2020学年第一学期近3个月已完成的德育课程为基础，结合本学年的德育计划向大家进行汇报。

教育部规定的德育内容有如下五项：理想信念教育、社会主义核心价值观教育、中华优秀传统文化教育、生态文明教育、心理健康教育。

1. 理想信念教育

我们深刻领会实现中华民族伟大复兴是中华民族近代以来最伟大的梦想，培养学生对党的政治认同、情感认同和价值认同，不断树立为中国特色社会主义共同理想而奋斗的信念和信心。在制定的月德育主题中，理想信念教育定在青年节所在的每年5月（见表1）。

表1

时间	校级月主题	年级子主题	班级周主题
9月	集体主义教育	高一：适应性教育 高二：集体观教育 高三：目标教育	校级、年级、班级自定主题三结合
10月	爱国主义教育	—	
11月	心理健康教育	—	
12月	法制教育	—	
1月	生涯规划教育	高一：学业规划 高二：人生规划 高三：大学规划	
3月	感恩教育	—	
4月	生命教育	人生观、世界观教育	
5月	理想信念教育	价值观教育	
6月	环保教育	—	
7月	诚信教育	—	

2. 社会主义核心价值观教育

立德是树人的前提与基础，树人是立德的目标。习近平总书记强调青年人要扣好人生的第一粒扣子。扣好人生的第一粒扣子就是要求青少年树立和践行社会主义核心价值观。树立和培育社会主义核心价值观，归根结底要落实到行动上，落实到德育实践中。习近平总书记指出："道不可坐论，德不能空谈。""于实处用力，从知行合一上下功夫，核心价值观才能内化为人们的精神追求，外化为人们的自觉行动。"深入开展爱国主义教育、诚信教育、文明礼仪教育，引导学生将富强、民主、文明、和谐作为国家层面的价值目标，将深刻理解自由、平等、公正、法治作为社会层面的价值取向，将自觉遵守爱国、敬业、诚信、友善作为公民层面的价值准则，将社会主义核心价值观内化于心、外化于行。

在月德育主题中，我们为社会主义核心价值观教育制定了如下三个月主题。

2019年9月，学生处和年级分别召开了入学教育大会，进行了规则教育和集体主义教育；在10月的爱国主义主题教育中，我们举行了国庆主题晨会、PPT，举办了"庆祝中华人民共和国成立70周年"手抄报优秀作品展、PPT，上了诵读社会主义核心价值观早读。同时，学校在10月进行了社会主义核心价值观主题校园文化建设：从学校大门开始在校园内各醒目位置进行社会主义核心价值观宣传，以及在所有教室内进行社会主义核心价值观宣传。另外，在教务处的布置下，部分学科组也举行了具有学科特色的爱国主义活动，如语文科组举行了庆祝中华人民共和国成立70周年书签制作比赛等。接下来，12月艺术节的主题是"我和我的祖国"（恒定的爱国主题）。

3. 中华优秀传统文化教育

我们开展家国情怀教育、社会关爱教育、人格修养教育，传承发展中华优秀传统文化，大力弘扬中华传统美德、中华人文精神，引导学生了解中华优秀传统文化的历史渊源、发展脉络、精神内涵，增强文化自信。

在月德育主题中，我们将中华优秀传统文化教育置于1月的生涯规划教育。

近两年，学校利用寒假组织了"家·传承"社会实践活动，倡议二高学子"回归家庭，体验亲情的无价。感悟家风，提升奋斗的力量。走进家族，找到肩负的使命"。短短20天的假期，高一、高二年级近2000名学生积极参与其中，利用春节与家人团聚的契机，绘制家谱图，讲述家族的历程，翻看老照片，回忆温暖的故事，手写一封家书，谈谈亲情的感悟。在学校社会实践成果汇报会上，共有8件作品上台汇报。其中有家风的传承；有姓氏背后的精神力量，也有两岸一家亲的传奇；有"三代归宗"的习俗，也有隽永如诗的妈妈亲笔家书……市德体卫艺处负责人冯妍妍坦言自己被深深打动。她说："听完这些讲述，心底里也柔软和湿润了起来。二高的'家·传承'活动很巧妙地将家庭和传承结合起来，学生通过对家族故事的讲述，揭示了每一个个体、每一个家庭在历史长河中的跌宕起伏，以及人民对历史的推动，对国家、社会、民族发展的巨大意义。"

4. 生态文明教育

在生态文明教育中，我们加强节约教育和环境保护教育，开展大气、土地、水、粮食等资源的基本国情教育，开展节粮、节水、节电教育活动，推动实行垃圾分类，倡导绿色消费，引导学生树立尊重自然、顺应自然、保护自然的发展理念，养成勤俭节约、低碳环保、自觉劳动的生活习惯，形成健康文明的生活方式。

在月德育主题中，我们将生态文明教育放在每年6月。

现在看来，生态文明教育需提前，高一学生进校第一个月，就要启动垃圾分类等教育。

另外，学校环保社团一直踊跃参与"地球一小时"活动，倡导节约意识。

5. 心理健康教育

在心理健康教育中，我们开展认识自我、尊重生命、学会学习、人际交往、情绪调试、升学择业、人生规划以及适应社会生活等方面的教育，引导学生增强调控心理、自主自助、应对挫折、适应环境的能力，培养学生健全的人格、积极的心态和良好的个性心理品质。

在月德育主题中，我们为心理健康教育制定了如下三个月主题。

2019年10月29日举行的暑假社会实践汇报会，三家媒体对本次汇报会做了报道。

高一（6）班冷美辰同学，她在暑假职业体验中实践了快递员工作。听了她的汇报，现场所有观众的心都有所触动。

本活动得到了市教科院李桂娟副院长的肯定。

2019年11月21日，四川省教科院组织全省各地市生涯规划负责人专项考察学校生涯规划教育。当时我全程在场，记得应该是四川省教科院的领导，听见我们生涯规划教育做得这么好，以至于怀疑其真实性。但我们每件事、每项活动都在精心地设计，扎实地推进。回答其提问的学生处的方主任和心理科组高志组长非常有底气，也非常自信。

2019年11月7日女生节开幕式，这也是本学年第一次女生教育大会，内容是专家讲座——做最好的自己。

2019年11月14日男生教育大会，内容是防校园欺凌（谈一点感触，这就是有效德育，是学生真正需要的德育）。

二、如何落实扎实的德育

要落实扎实的德育，先要做好如下"五个建设"：①德育课程建设。德育课程建设包括主题晨会、主题班会、主题广播讲话、主题要闻录像等。②班主任队伍建设。班主任队伍是德育管理的主力军，班主任队伍建设是落实扎实德育的基础。我们将校本班主任培养分为三块：第一块是新班主任。新班主任培训班由任班主任不满三年或任教不满三年的教师组成。开学以来，新班主任培训班已开展了五次新班主任培训。校本班主任培训还有骨干班主任团队和名班主任工作室培训。③另外三个建设分别是班级文化建设、宿舍文化建设和年级文化建设。为了扎实推进三个文化建设，学校于2019年11月初召开了第三届德育研讨会，专项研讨了三个文化建设，特别是班级文化建设和宿舍文化建设。2018—2019学年陶琴老师所带高一（19）班进行了宿舍文化探索，班级建立了宿舍公约。为了切实推进三项文化建设，我们制定了文化建设年工作安排表。

只有上述"五个建设"深入推进，设计好德育课程，有一支精锐的班主任队伍，打造出优良的班级文化、宿舍文化和年级文化，才谈得上高境界的德育，才有无痕的、渗透的、润物细无声的德育，才能让学生在不经意间得到熏陶，有所感悟，产生心灵的震撼，从而由内及外自然而然地发生变化，得到升华。这样的德育实施过程才是真正扎实的，才能突出中学德育工作的实效性。

三、如何落实朴实的德育

在传统的学校教育中，不难见到"运动式"的教育方式，诸如德育健康主题月、德育节等，活动中轰轰烈烈，活动后无人问津，学生只是"被德育"的对象。教育内容抽象、空洞，缺乏针对性和层次性。这种教育内容上的"全面化"和"成人化"，与学生精神需求的多样化、个性化之间存在着极大差距，很容易使学生产生逆反心理。

我们在实际工作中，推崇朴实的作风和方式，回归质朴自然的本原，不搞形式主义，不搞背离学生需求的教育，不搞不尊重学生思想、感情和个性的活动。从人本主义的角度来讲，教育应该是朴实的，应该是尊重每一个受教育的个体的，应该是平等的。每个人都是一颗橡树籽，只要有阳光、雨露等外在条件的推动，都可以长成参天大树。唯有坚持朴实的工作作风与方式，才能创造出学生需要的阳光和雨露。

德育是一个庞大的系统工程，是每一位教师的责任和使命。学校无小事，处处皆育人。德育无小事，事事皆德育。

此刻我想到几个词：恒久的、细致入微的、无痕的、润物细无声的。

学校要发挥各处室的德育功能，调动每位教师的德育主动性，形成德育合力。学生处各办公室要"联合作战"，共同对学生进行德育渗透，充分利用各类主题活动加强学生的德育工作。同时要重视校园文化建设、年级文化建设、班级文化建设及宿舍文化建设，让学校的物质财富和精神财富都具有德育效能，让学校的一草一木、一墙一壁都彰显德育功能，营造出一种德育的无痕境界，让学生在这一氛围中亲身体验和领悟，收到"润物细无声""此处无声胜有声"的教育效果。此外，学校要与社会机构和学生家长紧密配合，充分利用家长会、家委会，合力对学生进行道德教育，形成立体式德育网络。唯有德育形式回归质朴自然的本原，才能达到最佳效果。

围绕"以尊重的教育培养受尊重的人"的办学理念和"真实、扎实、朴实"的"三实"德育思想，学生处正脚踏实地地仰望星空，立德树人赢尊重，努力打造具有二高特色的"三实"德育。

立德树人　服务教学　全面推进学校后勤工作

张志红

随着我国教育管理体制的不断深化，深圳市第二高级中学（以下简称"二高"）的后勤管理难以有效满足学校的快速发展需求。增强后勤服务意识，提升后勤管理水平，对保障教学工作的有序进行，满足师生的正常生活需求，建立和谐的校园关系很有必要。学校后勤管理改革必须按照拓宽服务范围，提高服务质量，提高面向市场能力，逐步向着社会化、企业化过渡的既定目标，不断探索运转协调、保障有力、服务到位的后勤管理本制、保障机制和服务体系，全面提升后勤服务质量。对此，本文重点从以下几个方面进行探究。

一、厘清后勤存在的问题，建立后勤保障机制

学校后勤工作目前存在的问题严重制约着学校的正常发展，主要表现在以下几个方面。

1. 后勤制度建设严重不足

目前，后勤保障缺乏系统的指导政策和相关制度，缺乏系统、持续的后勤发展规划、规范和业务指导。

2. 后勤管理、支撑和服务职能不清，工作缺位

后勤管理、支撑和服务职能不分地打包"社会化"，造成后勤保障缺失。学校缺少基于后勤管理、支撑与服务的合作交流，缺少职能部门协调和行业指导，遇到矛盾难以协调。

3. 后勤支撑和保障能力弱，效率低

后勤保障资源分散，难以满足市场经济对现代服务业的需要。

4. 后勤人员年龄结构老龄化，专业结构不合理，缺乏战斗力

后勤系统普遍存在人员学历低、知识结构不合理、老龄化严重等问题，现

有人员多由岗位转岗分流而来。我们必须深化后勤管理体制改革，建立后勤保障机制，对后勤服务进行合理的定位，以现代管理为目标，探索建立企业化、社会化的后勤服务中心的形式和途径，使后勤重点为教学服务的观念更加明确，实现真正意义上的企业化、社会化后勤服务。

二、加强学校后勤队伍建设，提升整体素质

后勤服务是学校总体工作的重要组成部分，建设一支高素质的后勤管理干部职工队伍是做好后勤服务工作的基本保证。后勤队伍的建设以建立一支懂经营、会管理、服务意识强的后勤队伍为目标，通过加强用人制度的改革，采取"竞争上岗，双向选择"的方式，层层选拔，努力建立一支具备一定业务素质、热衷后勤服务事业的干部、职工队伍；建立以聘用制为核心的用人制度，贯穿"以人为本，量才施用"的用人原则，根据岗位的需要选拔人才，按岗定酬；开辟人员综合素质培养渠道，通过培训、培养、引进等多种形式，努力建设一支懂经营、会管理、技术过硬、作风优良、吃苦耐劳、业务熟练的干部、职工队伍。

三、树立"真实、扎实、朴实"的后勤服务理念，为教学工作提供强有力的保障

我们要深化后勤改革，整合后勤资源，调整机构职能，创新运行机制，提高保障效能，全力做好学校的日常后勤保障工作。"三实教育"理念的提出给后勤管理工作指明了方向：真实——做人要实，真真切切地工作；扎实——做事要实，平凡的岗位从点滴做起；朴实——作风要实，要有积极的工作态度。我们要狠抓后勤的安全生产，确保学校的稳定和各项工作的正常运转，为教学工作提供强有力的后勤保障。"优质服务、优良作风、优美环境"是后勤工作的永恒主题，高质量的服务工作是后勤工作的生命线，要提高后勤职工服务的主动性和责任感。我们要坚持"开拓进取、人性服务、友好协作、和谐共处"的宗旨，使服务讲质量、讲成本、讲效益的思想更明确。我们坚决杜绝"门难进、脸难看、事难办"的不良现象，深入基层，调查研究，主动了解基层的服务需求，开展承诺服务，限时完成服务任务，对每一项服务内容进行事后跟踪调查，了解服务对象的满意度，对推诿、拖延、拒绝等使服务对象不满意的行为进行严肃处理。我们要提高服务意识，提高快速反应能力，及时、高效地解决师生的实际问题。我们要开展"热心、细心、耐心、贴心、诚心"的"五

心"服务活动，与服务对象之间增进感情沟通和交流，促使服务工作更加完善。我们要开展"优质服务先进个人""优质服务项目""优质服务示范岗"等评比和竞赛活动，逐步塑造并形成后勤服务的良好形象，达到并形成"主动、及时、热情、周到"的服务要求。

四、完善制度，提高后勤工作的质量与效率

对后勤管理方式落后、人浮于事、效率低下等现象进行改革，势在必行。依法治理，有章可循，完善制度，按章办事，既是现代管理的客观要求，也是保障学校各项工作正常、有效运转的现实需求。同时我们通过设立岗位奖、建议奖、特殊贡献奖、节约奖等多种形式完善收入分配机制，提高后勤工作的办事效率，加强各岗位与工种之间的互动和协作，提高整体协调工作能力，健全员工业绩考核量化指标。后勤服务工作要紧紧围绕学校的中心工作，强化为教学服务的思想，按照"完善内部管理、提高保障能力、加快后勤发展"的思路，从务实的角度，在改善教学条件、减轻师生压力、提供优质的工作和生活服务方面开展工作，力求良好的效果。搞好后勤服务工作的立足点就在于切实保障教学工作的顺利进行，为教学工作和师生提供优质、高效的后勤服务。后勤职工必须牢固树立为教学服务的思想，用"三实教育"思想引领后勤服务工作，不断提高后勤服务的综合水平和能力，提高工作效率和管理水平，提升服务质量，为学校的持续发展营造一个良好的环境。

"三实教育"思想引领下的信息技术管理工作思考

廖劲之　何建军　吴沛雨　李倩倩

当今社会发展日新月异，"教育信息化2.0时代""工业化4.0时代"已悄然而至。随着国家新高考改革方案的公布以及《教育信息化2.0行动计划》的出台，教育信息化改革又迎来了新一轮的机遇与挑战。但无论信息化如何变革，其都要服务于一个宗旨——学校的办学理念。2016年深圳市第二高级中学（以下简称"二高"）在"以尊重的教育培养受尊重的人"的办学理念的基础上，提出了"三实教育"理念。在日常的工作中，信息技术中心按照"三实"理念的要求，重新审视和定位部门工作标准，提炼部门工作的"三实"目标：真实，以客观大数据为依据，不假；扎实，以实际需求为导向，切实解决根本问题，不搞花架子，不装；朴实，对数据进行科学分析，制订合理解决方案，不虚。既要脚踏实地，又要仰望星空，为"智慧校园"建设做好顶层设计和支撑服务。

一、摸清家底，深度调研，准确分析学校信息技术工作的现状及痛点

（1）信息化装备普遍老旧，故障率明显攀升（见图1～图6）。

（2）核心交换机、存储系统容量已趋于饱和，但未来应用系统对服务器的需求量还无法精确推算，给有计划地进行更换和扩容增加了难度。

（3）在网络安全日益严峻的新形势下，学校网络安全工作虽已走上正轨，但在制度建设和执行上还存在明显短板，教职工的网络安全意识还非常淡薄，系统漏洞的扫除还有大量空白，网络安全事件应急处置机制还未建立。网络安全工作任重而道远（见图7、图8）。

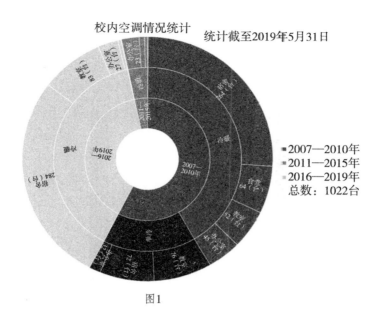

图1

图2

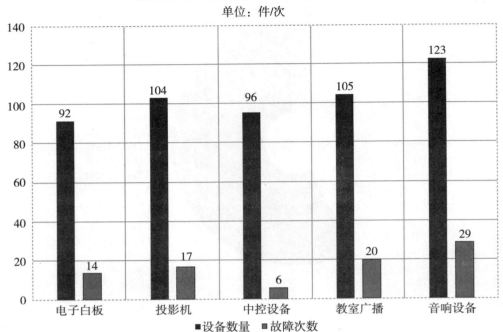

信息化设备季度故障情况（2019年第一季度）
单位：件/次
140
120
100
80
60
40
20
0
92
14
104
17
96
6
105
20
123
29
电子白板
投影机
中控设备
教室广播
音响设备
设备数量
故障次数

图3

监控系统年度故障情况
单位：次/%
160
140
120
100
80
60
40
20
0
134
27
151
30
116
23
132
27
2018年 4—6月
2018年 7—9月
2018年 10—12月
2019年 1—3月
设备数量
故障次数

图4

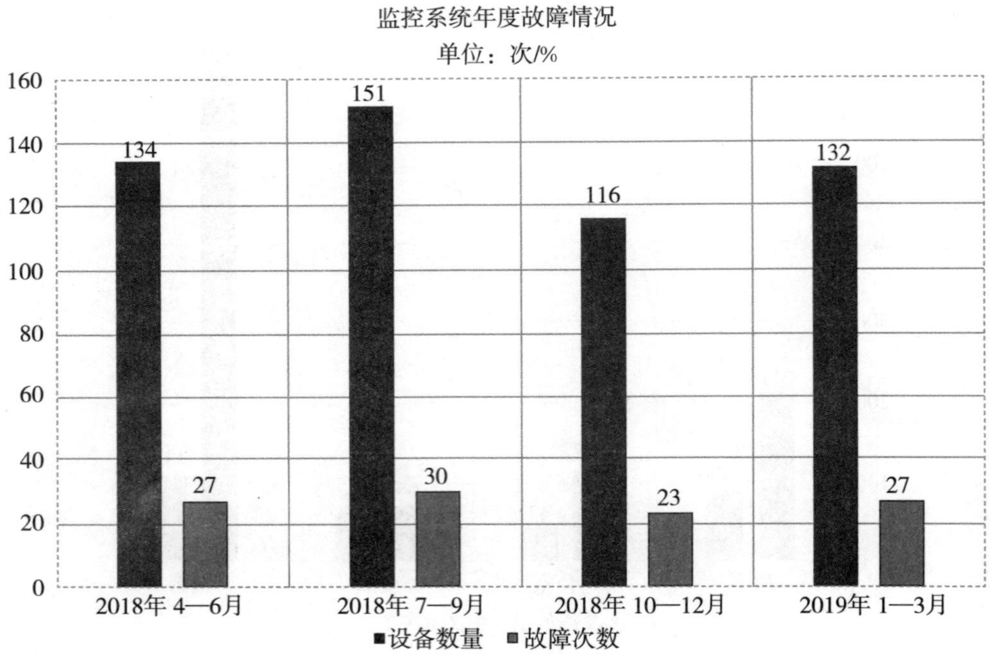

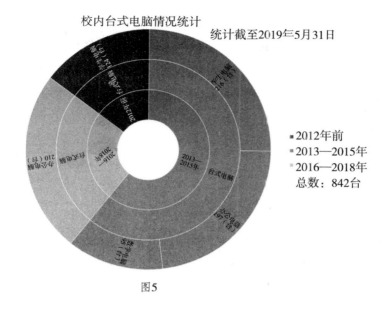

图5

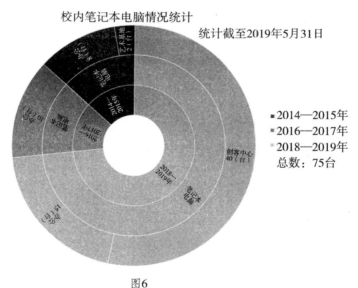

图6

（4）信息化资产的登记台账不完整，设备维护效率大有潜力可挖，人为操作不当或管理缺失导致设备损坏的情况时有发生，设备管理责任还需进一步落实。

（5）海量影像、视频素材急需整理归档，管理办法虽已出台，但在执行层面还有很多工作要做。目前人员紧张，难以应付此项繁杂的工作（见图9～图13）。

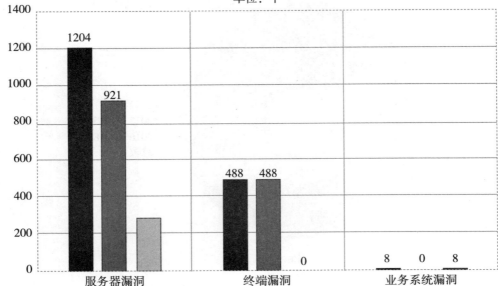

图7

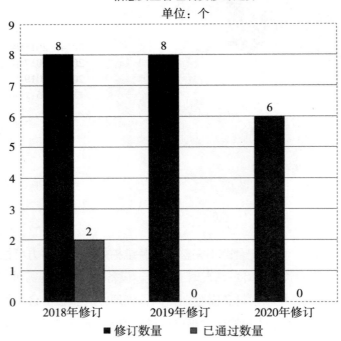

图8

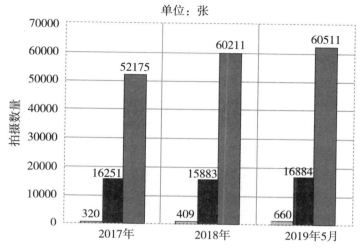

图9

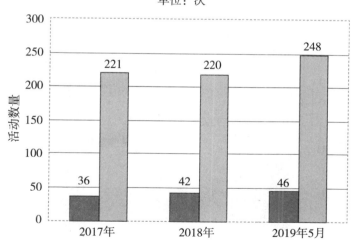

图10

年度活动视频拍摄时长及成片时长
单位：分钟

60分钟可拍摄4G视频

图11

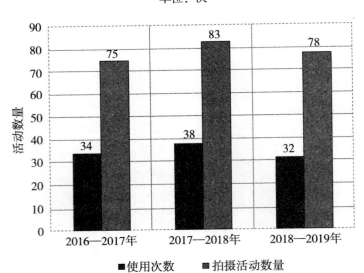

年度活动视频拍摄及使用次数
单位：次

图12

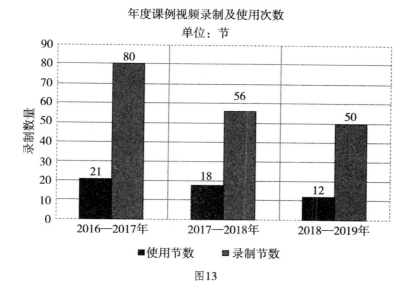

图13

（6）随着信息化项目实施流程的变化，信息中心的职能由主导逐渐转变为配合。与使用部门的沟通协调无形中拉长了项目建设的周期，众多因素影响了项目的推进速度。需要建立一套信息化项目建设的管理办法来捋顺各方责权，明确实施流程，破解其中难题（见图14）。

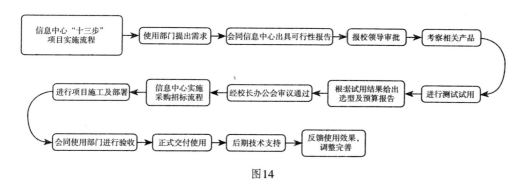

图14

（7）新高考改革的大背景下，各部门虽对信息化建设的需求有了初步思考，但还不够深入，还缺乏系统归纳和梳理，急需研究制定"学校信息化建设五年发展规划"来系统部署今后的工作，为信息化建设统一思想，指明方向，规划路径，落实责任，真正实现"全盘谋划，分步推进"的设想。

二、找准定位，明确职责，围绕"三大核心业务"精准发力

1. 提高认识、强化责任，推动网络安全工作逐步走上正轨

（1）认真学习《中华人民共和国网络安全法》及相关政策法规，深入研究现今网络安全态势及主要风险；有计划、分步骤地在校内针对不同目标人群开展有针对性的培训和宣传，立足学校实际情况和突出问题提高广大师生的网络安全意识。

（2）提高政治站位，推动网络安全制度建设，强化主体责任，仔细梳理和完善工作流程中的漏洞与薄弱环节，捋顺安全和发展的矛盾关系，做到安全服务于发展，发展中不忘安全。

（3）科学规划网络安全软硬件的建设方案，拟订《网络安全系统三年建设规划方案（2018—2021年）》；确保对信息化系统的扫描、监控、渗透、预警常态化、精准化；通过人防加技防的手段全面提升校园网络安全防护等级；认真研究网络安全应急处置预案，提高对突发情况的快速处置能力。

（4）不断总结经验，加快摸索适应学校实际情况的网络安全管理长效机制，将网络安全渗透于日常工作的细枝末节。

2. 整体设计、分步推进，为智慧校园建设做好顶层规划设计和底层系统搭建

（1）基于对各部门信息化系统需求的充分调研，规划了以"一大平台，六大板块，二十四个业务系统"（一个平台指智慧校园2.0基础平台，六大板块指行政管理、学生管理、教务管理、资产管理、校园安全、教学装备，二十四个业务系统指校园OA、校园网站、档案管理、财务管理、学籍管理、综合素养、服务窗口、学生管理、选排课、成绩分析、课堂行为分析、教务档案、图书管理、教师评价、固资管理、资产仓库、维护报修、安防监控、一卡通门禁消费、网络安全、人脸识别、教室装备、实验室装备、其他教学装备）为主体的"智慧校园2.0版本"基础建设框架，明确了"平台优先，各板块同步推进，各业务系统分步实施"的三步走建设思路，按照"轻重缓急，成熟一个，落地一个"的原则分批次稳步推进（见图15）。

（2）按照整体建设框架和项目建设周期，拟订《机房核心设备三年建设规划方案（2020—2023年）》《存储系统三年建设规划方案（2018—2021年）》《网络安全系统三年建设规划方案（2018—2021年）》等，为"智慧校园2.0版本"的建设打好坚实的底层基础。

（3）面对学校开办10余年来积累的海量数据信息和影视频资料，切实做

好"盘点存量，规划增量"工作。拟订了《深圳市第二高级中学影像视频资料管理办法（试行）》《深圳市第二高级中学存储系统管理办法（试行）》，搭建了学校媒资管理系统，起草了《学校历史影像视频素材整理实施方案》《学校存储系统数据迁移实施方案》，充分保护和挖掘历史影像素材的使用价值，精确估算未来数据存储的容量需求，避免盲目建设，切实把信息化资产管好、用好。

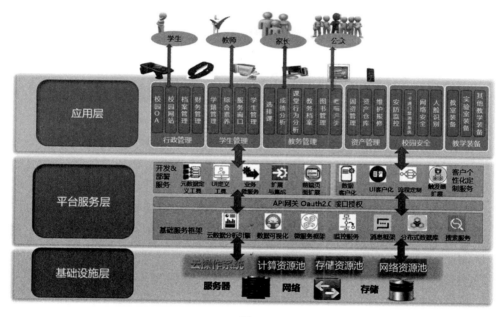

图15

3. 规范管理、注重细节，切实提高设备运行维护效率

（1）信息化装备建设投入大，使用周期短，更新换代快，故障率高。要想最大限度发挥设备的最大效能，日常的运行维护至关重要。面对不同类别的设备和众多的维护单位，如何尽可能地找出其相同点并加以规范，制定标准，推而广之？《深圳市第二高级中学信息化设备维护单位管理考核办法（试行）》应运而生。在设备服务联盟的组织框架内，通过规范服务标准、严格考核、建立退出机制等措施，将设备的维护工作引入"同行竞争，相互促进，整体提高"的良性循环。

（2）通过"一键报修"系统，畅通师生与所有维护单位之间的有效沟通。利用联盟微信群增强主管部门与维护单位之间、所有维护单位之间的工作交流和反馈，实时展现和共享设备维修维护的情况，切实形成合力，提高设备维修的及时率。

（3）认真做好维修维护台账记录，对维修大数据进行科学分析研判，着力从根本上解决有关联性的故障点，避免"头痛医头，脚痛医脚"的盲目工作方法，倡导"注重积累，善于分析，勤于钻研，抓好细节"的工匠精神（见图16）。

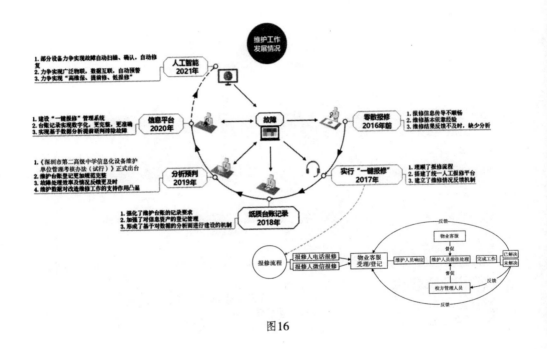

图16

三、着眼长远，全盘谋划，对未来五年学校信息化建设的思考与对策

1. 什么是"智慧校园"

"信息化2.0时代"的"智慧"指的是使用非常规软件（或工具）采集、管理和处理海量数据，并用算法模拟人的大脑结构，用机器学习人的思维方式，找到事物潜在的规律，进行辨析判断、创造创新。这里提到的海量数据是指海量数据的收集、处理和应用；不是采用随机分析法（抽样调查），而是要对所有数据（近似全样本）进行分析处理。数据采集使用特殊软件（或工具），如射电望远镜、GPS（全球定位系统）、RFID、传感器等；采用泛在网络（非单一互联网）。

"信息化1.0时代"的"数字校园"是运用"互联网+"建设的校园网，其特征是使用4G；Web和App的应用；手机及电脑的全面普及，实现人人互联。而"信息化2.0时代"的"智慧校园"则是应用"物联网+"建设的校园网，其特征是使用5G；AI（人工智能）、IOT（物联网）、云终端，万物互联实现智能广泛应用。

2. 我们需要什么样的"智慧校园"

在"数字校园"时代建设的所谓"智慧校园"，只能实现学校教学管理和服务的高效便捷，无法实现"智慧"。因为大数据是"智慧校园"的基石，运用"互联网+"技术没有办法采集到大数据，许多算法尚未问世，机器学习无法普遍应用，所以，"智慧"难以实现。

"智慧校园"建设的根本目的不仅仅是为教育教学工作提供便利的工作平台，提高工作效率，更应该是为构建解决教育瓶颈问题的全新教育体系（智慧教育）提供全方位支持，真正实现教与学、管理与研培等各项工作的变革和创新。如果教育没有问题，那么就不需要信息技术。因此，"智慧校园"一定是为解决教育问题提供支撑的。

3. 我们需要如何建设"智慧校园"

从传统思维来讲，学校信息化建设往往由信息部门牵头建设，业务部门应用。但是，信息部门往往无法深入了解业务部门的所有需求，不能真正按照业务部门的实际需要建设平台和系统。大多数是先建设硬件，再买软件，然后推动应用，普遍存在着目的不清的问题，导致所建设系统形式上很完整，功能看上去很丰富，但是，为了解决教育教学的什么问题而建设的目的不清楚。因此，尽管努力推动应用，但是很难应用起来，容易让信息化项目看上去很美，用起来却很难让人满意。

所以，为了避免信息化建设与应用出现"两张皮"，真正发挥信息技术的作用，首先应系统梳理学校办学及教育管理等各项工作中所存在的主要问题。然后探索在"互联网-"、人工智能和大数据等技术支撑下，能够有效解决教育教学主要问题的新教育体系。再按照新教育体系的需要，研究、设计、建设有效的信息化环境和支撑系统。之后系统培训教师按照新教育体系，充分利用所建设的信息化环境和支撑系统开展教育教学活动的能力。教育信息化工作不只是建设的事情，更重要的是在教育教学中有效应用，特别是要为解决教育教学管理瓶颈性问题提供有效的支撑。在此基础上，才可能真正实现由传统教学向智慧教学、智慧学习、智慧管理的转变，实现由管理向治理的转变，才可能充分发挥"智慧校园"的功能（见图17）。

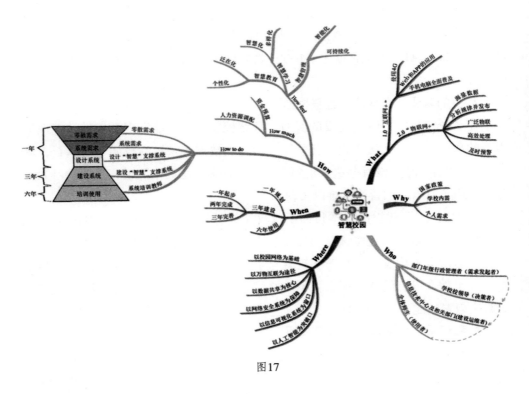

图17

4. 对策

对策1：由学校网络与信息化领导小组牵头，研究制定《学校信息化建设五年发展规划》，明确学校未来五年信息化建设的目标、内容和路径。

对策2：在部门工作中应进一步强化互联网思维，善于利用信息化手段解决工作中遇到的棘手或瓶颈问题，如在新高考背景下如何解决选科分班、优质教师无法覆盖所有学生、缺乏知识深度理解和探究的必要手段、教学和学习监测调控困难、教师教学水平监测和调控困难。在学生管理中，如何在走班模式下对学生进行有效管控，如何通过过程性资料的积累生成学生综合素养评价的结论；在学校行政管理中，如何协调内部控制和提高效率的关系，如何优化对教师的管理和评价；在后勤和信息化工作中，如何做到对资产设备的精细化管理和高效运维，如何通过对关键数据的可视化实现有效分析准确预判和防范风险，如何营造清朗安全的网络环境。要系统研究这些问题在"互联网+"、人工智能和大数据等技术支撑下的解决途径与规律，支撑系统、资源及环境的建设方向与要求等。

对策3："智慧校园"建设，"建"只是第一步，最核心的问题是"用"。

在用的过程中，教师应具备什么样的能力才能够按照新教育体系开展教育教学工作，以及如何让教师具备这样的能力？要解决这一问题，应首先研究清楚新教育体系到底是什么样的，如何构建。然后根据新教育体系，研究出教师应具备什么样的能力以及制订相应的培养方案，探索并建立起切实可行的培养体系。

对策4：在充分研究的基础上有效组织和推动"智慧校园"建设，按照"整体规划，分步实施"的原则加大资金投入，做好预算编制，明确建设主体，列出建设时间表，规范操作流程，建立考核机制，确保项目真正落地。

结束语：学校信息化工作没有最好，只有更好。没有终点，永远在路上。我们唯有加强学习，更新观念，紧跟时代潮流，把握时代脉搏，以锐意创新的闯劲勇于探索，以只争朝夕的干劲狠抓落实；努力将科技与教学相结合，把智能与管理相联系，推动教学从单向向互动转变，学习从被动向主动转变，管理从粗放向精细转变，思想从封闭向开放转变，眼光从紧盯当下向关注未来转变，以互联网为载体，以数据共享为媒介，以万物互联为途径，以人工智能为突破口，共同打造切合学校发展和核心价值观的"智慧校园"。

"三实教育"思想与团建工作

邓　乐

为深入贯彻落实习近平新时代中国特色社会主义思想、党的十九大关于教育工作的会议精神，主动适应基础教育发展的新形势、新任务、新要求，全面贯彻党的教育方针，落实立德树人根本任务，全面深化教育教学改革，切实优化师德师风与教风学风，不断提升人才培养质量，进一步树立学校品牌，根据学校统一部署，高玉库校长提出了"三实（真实、扎实、朴实）教育"思想。这一思想对学校管理、学科教学、学生培育、科研提升、服务保障等诸方面都有着重要的指导意义。校团委紧紧围绕"三实教育"思想开展工作，现将"三实"工作成果汇报如下。

一、真实的德育教育活动

深圳市第二高级中学（以下简称"二高"）校团委一直围绕"三实教育"理念中真实的德育教育活动开展工作，积极营造校园内的另一片教育天空。育人之本、德育为先。新形势、新任务、新要求下，落实立德树人根本任务显得尤为重要。在传统儒家的价值体系中，自古就有"三不朽"之说（《左传·襄公·襄公二十四年》载："太上有立德，其次有立功，其次有立言。虽久不废，此之谓不朽。"），三者之中又视"立德"为"太上"之功。这种"立德"为"上"的主流价值取向深刻地影响了古代诸多有识之士的教育观念，他们一致将"立德树人"确立为"黄金"教育理念，并身体力行，孜孜以求。由此可见，从古到今德育的重要性。二高校团委紧紧围绕"三实教育"理念，探索真实的德育活动，重在培养学生从活动中感受德育、学习德育、获得德育，并先后开展"感动中国""主题晨会""学海无涯"等德育活动。

校团委从2012年开始每年组织全校师生观看《感动中国》颁奖典礼，此项德育活动已经陪伴二高师生走过了8年。但《感动中国》仿佛是一棵常青树，一直散发着它独有的魅力，就算已经到了七年之痒的节点，二高师生依旧对它百般喜爱、百看不厌，因为7年的时间里，总会有很多新的词汇和新的故事不断地走进我们的生活。二高师生在故事中的人物身上感受到了从容。一个又一个感动时刻，温暖、陪伴着二高师生，他们点燃爱的火把，带领二高师生前行。组织收看《感动中国》德育活动是为深入贯彻落实立德树人根本任务，将党和国家关于中小学德育工作的要求落细、落小、落实，不断增强中小学德育工作的时代性、科学性和实效性。以"三实教育"理念为具体工作指引，德育活动"精心设计"，德育目的是"滋养心灵"，德育形式需"精雕细琢"；大力促进德育工作专业化、规范化、实效化，努力形成学校全员育人、全程育人、全方位育人的德育工作格局。

　　国旗下的讲话（又称晨会）是一个重要的德育平台，如何发挥其重要作用是校团委值得思考及创新的地方。在"三实教育"理念下，让晨会"老师爱来、学生爱听、晨会育人"是现阶段的发展目标。所以，校团委在此基础上制定"不求每次晨会深入人心，但求主题晨会意义非凡"的发展目标，开展德育育人晨会。校团委曾先后举办教师节主题晨会、国庆主题晨会、元旦主题晨会、高考送考主题晨会等，形式多样，涉及领域有学生献歌教师节、驻深部队国旗班升旗及军官爱国主义教育讲话、元旦献词、呐喊助威高考送考等。校团委通过这些形式多样的晨会让师生真正爱上晨会，并从晨会活动中感受德育教育的重要意义。目前，校团委在"三实教育"理念的指导下继续探索、创新更多的主题德育晨会，在未来我们将做到每次发言深入人心，每次主题意义非凡，让师生从晨会中真实地感受德育，最终实现"老师爱来、学生爱听、晨会育人"的目标。

　　德育教育任重而道远，二高不仅重视在校学生的德育教育，同时也关注毕业学子的成长之路。母校在毕业季总是告诫毕业学子：走出校园，请你记住当代青年的使命，努力建设中国特色社会主义强国，共筑伟大中国梦；也请你记住，发扬"阳光、进取、平时、包容"的二高学子特质，二高永远是你的家，欢迎常回家看看。就是这一句"常回家看看"，让毕业学子铭记于心，他们联合校团委组织开展生涯规划德育实践活动——"学海无涯"大型专业答疑会，以此感恩母校。校团委摆摊卖"专业"，为在校学子制定人生规划图，更为对未来迷茫的学生指明道路。这是德育的延续，是德育的传承。在校学生从活动中感受到了二高毕业学子的那一份责任与担当，不仅从活动中了解了自己喜欢的专业,更为自己的未来描绘了一幅宏伟的蓝图。传承的力量是强大的,在校学生从毕业学子身上看见了二高独有的特质,言传身教,德育之火代代相传。

二、扎实的学生干部团队、家长义工队伍

对于学校来说,培养和建立一支充满生机与活力的学生干部队伍是必不可少的。学生干部不仅是学校教育的对象,同时也是教师工作中的得力助手,能够有效地将学校、教师与学生紧密地联系在一起。打造扎实的学生干部队伍,对提高学校教育、管理及服务实效具有重要的作用和意义。校团委在"三实教育"理念的指引下,成立了学生会、学长团两大学生干部队伍。两大学生干部团队虽形式有别,但目标一致,都是扎实地为学校发展出谋划策、贡献力量,在二高"三实教育"理念的新形势下,发挥其重要的作用,并与二高共发展。

1. 学生会——一支搭建起学生与学校桥梁的干部队伍

朴实的工作作风、扎实的工作能力是学生会的形象代名词。二高的发展离不开他们,他们自身的发展更离不开二高。十大部门各尽其职,几乎覆盖了学校的所有工作:"全心权益"为学生谋福利(权益部);晨会主持、大小活动主持用声音传递精神(主持部);年级检查、社团检查用严格维护学校制度(纪检部);希望二高的美让全世界都知道(宣传部);等等。学生会干部团队一直着力于为学校的发展出谋划策、贡献力量,切实做到用扎实的工作能力与二高共发展,成效突出。学生会先后联合总务处推出自动牛奶售卖机,大力提升了小卖部结账速度,将智能科技引入校园;联合食堂推出新式菜肴——盖浇饭、榴梿酥等,全心全意为学生谋福利;除此之外,代表学生参与重大学校抉择,如膳食委员会、食堂招标等。其发挥的作用与影响意义深远。同时学生会干部团队举办的校园活动充实着学生的课外生活,在课堂外开辟了一片新的天空,如新生迎新晚会、草坪音乐节、趣味运动会、中国传统佳节宣传日等,都为学校的发展及德育活动奠定了基础。可以说,学生会干部队伍是学校发展的得力助手,是一支扎实、充满生机活力的主力军。

2. 学长团——一张二高最亮丽的明信片

学长团是一个阳光、进取、平实、包容的同辈团体,本着纯粹的爱,为学弟学妹提供适时适度的帮助。二高学长团发展到现在已经到了第十二届。在过去的岁月中,这些自愿加入学长团的学生自觉地传递着上一届学长赋予的使命。他们帮助刚入学的同学,给他们学习、生活等方面全方位的指导,使他们感受到二高这个大家庭的温暖;学长团努力加强高一、高二甚至是校友与在校

学弟学妹的交流，使阳光学子及二高特质丰富起来；他们传承并摸索着二高的校园文化，耐心地陪伴学弟学妹，共同成长。在高三库校长提出的"三实教育"理念下，学长团在经历了高一的生活，经历了学长团的培训之后，更深刻地认识了自己，更深入地学习了如何了解他人，了解什么是适时适度的帮助。学长团扎实做事，努力完善自己，不断超越。用二高首任校长邓世平校长的话来说："学长团承载着校园的责任与关爱、热忱与梦想。它有一种魅力，让身处其中的人能够感受到薪火相传的校园文化和力量。"

3. 家长义工队伍——随着教育改革的深入，教育理念的更新，我们意识到"家校合力"在教育工作中的巨大作用，我们开始关注并尝试发挥家长在学校教育中的重要作用

二高敞开校门，主动邀请家长参与学校教育工作，让家长成为班主任在班级管理中的重要人力资源，充分发挥家长的教育和管理作用，努力改善班级管理与育人的效果。近几年，学校在高玉库校长提出的"三实教育"理念下，逐渐形成了一支扎实、完善的家长义工队伍，涉及领域包括生涯规划专家讲座、晚自习自主管理、校园活动义工、校外活动义工等。这支队伍与二高一同成长，共同为二高学子的在校学习和未来发展尽自己的一份力。但由于成立时间较短，这支队伍还不够成熟和稳健，没有固定的章程，也没有严格的培训，更没有长远的发展计划。希望在"三实教育"思想的引领下，在未来家校合作中，提升家长义工的教育观念，使其形成正确的观念，并与学校教育保持一致。学校应在教育观念上指导家长义工，让家长义工引领全体家长在家庭教育中把德育放在首位，培养孩子良好的思想道德品质，发展孩子健全的个性，培养孩子独立生活的技能，良好的生活习惯、学习习惯、劳动习惯。家长只有树立了正确的教育观念，明确了家庭教育的任务，才能更加注重家庭德育，使学校、家庭的教育职责分明，从不同角度来培养青少年，把他们造就成为社会需要的多方面人才。同时家长义工队伍要健全完善制度，形成章程，以便更好地为学校和学生服务。

三、朴实无华的思想教育

团员青年是学校发展和管理的生力军与突击队，他们在校园内奉献着自己的青春年华，他们的思想稳定关系到整个学生队伍的稳定。因此，在"三实教育"理念的引领下，校团委加强团员青年的思想教育是非常重要和必要的。校团委每年五四青年节都会表彰一大批优秀集体和个人以及吸纳一批优秀的个人加入共青团组织。通过层层选举，表彰的集体与个人深刻地感受到了作为共青团员的义务和自豪感，潜移默化地进行了思想教育。而对于一批新加入共青团的优秀学子，校团委会进行团课授课、考试审核，最终让其在团旗下宣誓，从而达到思想教育的目的。2019年五四运动100周年，校团委还组织优秀团干部观看习近平总书记的重要讲话，进而提升思想觉悟，引领校园新风尚。校团委始终围绕"三实教育"理念中朴实的思想开展共青团员的思想教育工作，立足于习近平总书记提出的新时期青年教育思想，不断完善青年群体的工作意识及态度，推动青年群体的创新发展，培养二高学子成为敢于有梦、勇于追梦、勤于圆梦的有为青年。

现在的二高在高玉库校长提出的"三实教育"理念下飞速发展。校团委作为学校的一个德育行政部门，一定会紧紧围绕"三实教育"理念开展工作，用"真实的德育活动""扎实的学生干部队伍、家长义工队伍""朴实的思想教育"开辟新的教育纪元，并与二高扬帆再起航，续写新的教育华章。

校园安全标准化管理

——"三实教育"思想与校园安全工作探讨

李海涛

校园安全是学校、家庭、社会都密切关注的话题，校园安全管理工作作为教育工作的重要组成部分，既为师生的健康有序生活提供重要保障，也时刻牵动着广大家长的心。"三实教育"思想是学校教育工作的思想核心，学校从营造"三实"育人环境，打造"三实"教师队伍，实施"三实"课堂教学，构建"三实"校本课程，开展"三实"德育活动五个维度进行深入贯彻。"三实教育"思想是精神，是内核；学校安全工作是基础，是保障。"三实教育"思想让学校的每一项工作都变得更加细致、严密，有文化内涵，而"三实教育"思想武装下的校园安全管理工作则为学校的健康发展铸就了无比坚实的防护之盾。

以"三实教育"思想为核心，衍生出"三实"校园安全工作内涵：严密校园安全管理工作架构，真实而为，不假；保障校园安全工作推进，扎实而行，不虚；促进校园安全工作对象规范，助力校园安全管理工作完善，朴实而对，不装（见图1、图2）。

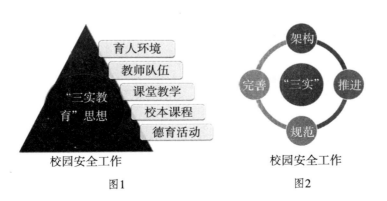

校园安全工作

图1

校园安全工作

图2

一、严密校园安全管理工作架构

1. 校园安全管理工作要顺利开展，离不开完善的组织机构和工作制度

学校明确了以校长为核心的各部门、各年级段、各班级、各岗位安全职责，设有专门负责安全工作的副校长，设置安全处，各处室一把手、年级长、班主任为本部门主要安全负责人，各班级配备安全委员，形成了涉点多、辐射广、立体式的安全组织机构。

2. 在安全管理制度上，结合学校实际不断地修改和完善学校安全工作的各项规章制度

学校目前已建立并实施的安全管理制度达60多项，主要包括学校安全工作管理制度、岗位安全责任制度、安全目标管理与奖惩制度、安全工作检查制度、隐患排查与整改制度、安全事故应急救援预案与演练制度、与有关部门的学校安全工作协调制度、学校集体活动安全管理制度、学生安全信息通报制度、教学安全制度、建筑安全管理制度、消防安全管理制度、水电气安全管理制度、交通安全管理制度、卫生和饮食安全管理制度、宿舍安全管理制度、实验室管理制度、校车管理制度、门卫制度、治安管理制度、安全知识宣传教育制度、安全工作档案制度等，全面落实安全管理各项工作。学校每年至少一次对规章制度的执行情况进行检查评估。

二、保障校园安全管理工作推进

1. 有什么样的思想，就有什么样的行为；有什么样的行为，就有什么样的习惯，所以在校园安全工作的推进中，应当把重点放在思想教育上

（1）认真开展了安全教育月活动。

学校安全教育月以"校园安全"为主题，学校组织师生学习安全教育工作文件，在校内易发事故类型、重点部位保护、工作薄弱环节、各类人员安全意识与安全技能等方面开展深入全面的大检查，消除隐患，有针对性地、扎实地开展教育和防范工作。特别是抓好交通、大型活动等的安全教育。

（2）积极开发利用教育资源，做好宣传工作。

学校与派出所、街道办及学生家长等人员通力合作，形成互动；以班级为单位召开了学生家长会，向学生家长宣传了学校的教育教学和安全管理规定；利用校园公众号、年级家委会和班级联络员以微信为平台推送重要安全提示。

（3）各班定期召开安全教育主题班会。

学校下发安全教育材料，以安全教育主题为核心，班主任引导，学生讨论，使学生增强安全责任感，认识到安全的重要性，以提高对安全工作的认识。

（4）组织安全知识学习活动。

学生处利用班主任会、各班干部会、宿舍和班级安全员会，组织教师、学生认真学习深圳市有关安全条例、学生日常安全预防方法等文件。

（5）营造重视安全的工作氛围。

学校利用每日要闻录像、黑板报、宣传栏等形式，全方位宣传安全工作，普及安全知识，如防溺水、防毒品、防欺凌、防交通事故、防食物中毒、防火、防震、防骗等，普及突发事件预警知识，如恶劣天气预警、暴雨预警、大风预警、防雷击预警等。

（6）开办专题讲座。

每学期聘请西丽派出所法制副校长（辅导员）或相关安全专业技术人员来校授课，落实法制与安全教育的计划、课时、师资，重视教育效果。

（7）时刻不忘，时时提醒。

对安全教育工作实行群防群治，定期对学生家长进行安全教育，要求家长认真督促检查子女的安全工作，把安全工作从校内做到校外。定期联系家长，齐抓共管，不断提高家长对安全工作的认识。寒暑假、五一劳动节、清明节和国庆节等假期，学校都要进行假期安全提醒，以保证学生在假期中的安全。

2. 校园安全管理工作要想有效推进，还需从严管理，常抓不懈

善始者弥繁，克终者盖寡。很多事情都是这样，开始时能做得很好，但在坚持的过程中往往会出现松动，达不到最终的目的。安全无小事，校园安全要想杜绝此类现象，严抓严管非常重要。学校给予充分重视，将安全工作列入目标考核范围，并进行严格考核；成立学校安全工作领导小组，根据安全领导小组的统一安排，分工到人，责任到人，签订安全责任书；定期开展检查工作，做到时时、处处、事事的安全工作有专人负责。

（1）重新明确各类安全工作责任，签订安全责任书。

安全工作责任包括班主任安全工作责任、总务主任安全工作责任、各功能室负责人安全工作责任、学生处主任安全工作责任、年级主任安全工作责任、科任教师安全工作责任、校内教工宿舍安全工作责任、传达收发员岗位职责及门卫值班职责等。以上责任书的明确较好地覆盖了学校安全工作的方方面面，提高了全校教职工对安全工作的认识，做到责任明确、措施落实。

（2）严格执行"一岗双责"制度。

学校将安全教育工作作为对教职员工考核的一项重要内容，对出现安全责任事故的教师实行"一票否决制"，并且不能评优评先，同时贯彻"谁主管，谁负责；谁组织，谁负责"的原则，做到职责明确，落实到人。

（3）落实好安全工作的"细"与"实"。

严格挑选保安，开学前全面检查各种监控设备和安全防盗设备，对监控设备进行升级处理；对破损的围墙进行修复；对影响红外线报警的树枝树叶进行全面修剪；加强对来校人员的检查登记和进校车辆的管理；加强对各个处室及负责的功能室、各年级教室的"三关"管理（关门、关窗、关电），保安员巡视并做好记录，向相关部门负责人进行通报。学校积极与市公安、卫生、综合治理等部门通力合作，做好学校安全保卫工作，每周上学、放学时段都升起防撞柱，保安人员在校外100米处巡视，门口两名保安佩戴防爆装备保护学生进校、离校，加强对校园的安全巡视。下班后、节假日的安全检查，每晚坚持巡查，加强对学生的安全管理，定期巡查各设施设备安全、学生活动安全、学生进出学校安全，门口车辆、来往人员管理，特别是抓好交通、大型活动等的安全。

（4）明确校园安全规定及规范校园食品管理的规定。

此项安全工作主要内容有：①不私自游泳，以防溺水事故。②提倡学生俭朴生活，不带手机，不带较多的零花钱，不出入游戏厅和网吧，不看黄色书刊和影视。③假期不到人群密集和通风不畅的场所，避免传染疾病。④在校外不结交一些不良青少年。外出告知父母，不在外住宿。⑤注意饮食卫生以防传染病，不订外卖。⑥注意用电用气安全，防火防盗等。⑦上学、放学的路上严格遵守交通规则，不横穿马路，看清交通道路标识。⑧在校期间不在学校楼道追逐打闹或在楼梯上、楼梯护栏上做一些危险动作，以免发生人身意外伤害事故。⑨实验课、户外上课的教师一定要做好学生安全教育、技术要领的明确指导，并做好安全保护措施。⑩教师要做好学生心理工作，防止早恋；教育学生集体活动（运动会、联欢会、开学典礼等）注意安全，制定安全防范措施，确保万无一失。

（5）建立学校安全意外事故处置预案制度。

学校建立事故处置领导小组，制定意外事故处置预案制度、学生伤害事故处理办法。

三、促进校园安全管理工作对象规范

"行为要不停地规范，不停地塑造，才能形成。"这是对人而言，对于校园安全管理工作而言，则为"校园安全管理工作对象要不停地规范，不停地塑造，才能形成"。完备的校园安全管理组织、健全的校园安全管理制度、严密的校园安全管理工作推进是校园安全管理工作有效落实的重要保证，是树叶，是树枝，是树干；而校园安全管理工作对象的规范性则是校园安全有效实现的前提，是树根，是源头。

1. 规范校舍

校舍建筑符合国家相关法律法规和标准的规定，并经相关部门验收合格：无地质隐患，无危房、危墙；学校室外楼梯或楼道的防护栏杆高度不低于1.20米；学校区域按照有关规定设置安全警示牌、指示牌和应急照明装置等安全防护措施，对于容易发生碰撞、滑倒等意外的场所设置安全警示牌并采取相应的安全防护措施。

2. 规范宿舍

学生住宿区有能监控到所有宿舍的管理室，并配备足量的管理员，每个楼层设立楼层长，每个宿舍设宿舍长。建立寄宿生信息档案，实行晚点名和定时查寝制度，尤其加强对女生宿舍的安全管理和生活辅导，严禁无关人员进入学生宿舍。

3. 规范食堂

食堂须取得食品流通许可证及相应的营业执照。从业人员每年进行一次健康体检和法律法规、食品安全相关知识培训，在取得健康证明和培训合格证明后方可上岗工作。

聘请有资质的第三方机构每天对食品原料、直饮水等进行检测评估，形成风险报告。食堂建立食品原料、食品添加剂和食品相关产品的采购查验、索证索票制度，确保健全完善采购记录。实行食品留样制度，记录留样食品名称、留样量、留样时间、留样人员、审核人员等。

厨房设备规范管理。机械运转部位有完好可靠的防护装置，每台设备应有单独控制开关，电源线路完好并有漏电保护装置。凡有碾、绞、压、挤、切伤等可能的部位均有可靠防护。有可燃气体浓度报警装置，对燃气管道及自动切断阀、调压装置、燃气灶具、阀门等进行定期检查。厨房灶台及油烟机清洁、无油垢，厨房灶台使用防潮灯照明，烟道按规定清洗并留有记录。灭菌、消毒、防疫设备符合相关规定。厨房的每个关键点均配备相应数量的干粉灭火器。

4. 规范体育场馆

体育运动场地平整、清洁，体育设施安装牢固，符合有关质量安全标准。

定期组织相关人员对体育运动场地、体育器材进行检查，发现安全隐患及时整改。

健身器材醒目处张贴器材名称、具体用途、使用说明或图示。对使用不当、容易造成器材损坏或可能危及人身财产安全的器材、设施有说明和明确的警示，并说明正确的使用方法。学生使用健身房必须在教师的监管下进行，以免使用不当对学生造成伤害。

游泳馆（池）有水深标志，按规定配备水上救生员（250平方米配2名，经过专业培训，取得合格证书，佩戴明显标志）。游泳区域铺设防滑垫，防止师生滑倒。

5. 规范实验室

建立危险化学品管理制度。实验室有完善的安全管理制度并粘贴上墙。

实验室设计和布置符合相关规定，有良好的通风排烟措施。相应设备设施有专人管理。化学试剂按规定购买、储存和使用。实验室、准备室内设置防止触电事故发生的安全措施，各类电器有专人负责，人走电断。实验室内配备灭火器等必要的消防器材，并根据实验特性配备必要的应急设施和药品。有实验室废弃物处置措施。

危险、剧毒化学品必须储存在专用仓库内，按国家标准规范存放，并由专人严格实行"五双管理制度"，即双人收发、双人记账、双人双锁、双人运输、双人使用。可能造成中毒、窒息或生物性危害的实验室须设有通风柜，有个人防护装备。

6. 规范图书馆

学校图书室设计和布置符合相关规定，有防盗、防火等设施。室内严格控制一切用火，严禁吸烟和带入其他火种，无超负荷用电现象，消防器材摆放在明显位置，便于操作急用。

7. 规范计算机室

学校计算机房（教室）设备选用及安装符合国家标准和有关规定。建立完善的管理制度和相应的登记记录表册。计算机房（教室）的环境符合设备正常运行的安全要求，各项操控及显示等功能状态良好。设备档案完整，安全保密性能良好。按规定配备配足干粉和二氧化碳灭火器材。

8. 规范交通

校内主要道路设置限速标识［限速带（5千米/小时）］。学校门口及周边道路设置完善的警告、限速、慢行、让行等交通安全标识，校园门前道路上标有人行横道线，校门口交通秩序良好。

校园内实行人车分流进出学校，两区域安装隔离柱，严禁一切车辆进入管控区域，对特殊车辆进校园，在时间上也做了明确规定：严禁学生下课、课间操、上放学和活动等时间进入学生活动区域。

9. 规范门卫

学校严格落实门卫管理制度和值班巡逻制度。为保安员提供必要的装备，如警笛、防割手套、短胶护卫棍、护卫棍（长度150厘米）、钢叉（长度200厘米）、防身喷雾等防护装备和通信器材。

10. 规范消防设施

建筑工程一律通过消防部门检查认可。建立消防安全管理制度，保障疏散通道、安全出口畅通，并设置符合国家规定的消防安全疏散指示标识和应急照明设施。

学校消防安全管理人员定期对消防设施和器材进行维护保养、更换，保持防火门、防火卷帘、喷淋设施完好正常，并做好检查保养记录。

11. 规范监控

学校按照广东省地方标准DB44/T 834—2010《中小学校和幼儿园安全防范工程技术规范》在主要出入口等场所、内部重要部位采取相应的技术防范措施，按规定安装视频监控装置。视频监控系统可以24小时进行图像记录，保存时间不少于30天。

四、助力校园安全管理工作完善

"教育为重，预防为主，标本兼治，重在治本"，这是校园安全管理工作一向坚持的原则。然而"智者千虑，必有一失"，安全管理工作的一失带来的将会是不可预见的严重后果；要做到万无一失，校园安全管理工作就不能被动，而应当主动出击，以不懈怠的工作姿态，不断自我完善。

1. "隐患险于明火"，加强隐患排查，及时整改，是完善校园安全管理工作的重要前提

（1）开学前进行安全隐患排查。

认真贯彻落实开学前安全工作会议精神，对学校进行一次全面的、彻底的安全工作大检查，找出问题，立即整改，各个处室把安全工作作为重点检查内容之一。例如，总务处对校舍进行全面的安全检查，同时对学生饮水卫生进行定期清洁和消毒等排查。学生处对各个功能室等进行排查。教务处对实验室及药品等进行排查。信息中心对电教设备等进行排查。体育组对体育器材场地等进行排查。对排查出的问题及时上报，相关负责部门及时整改，确保学校安全，学生安全返校。

（2）做好消防安全隐患检查工作。

对校园内的消火栓、消防灭火器进行全面检查、登记、建档、更换等工作。定期检查消防、防盗设备的使用情况，确保正常运作；全面检查消防设备和消防器材，特别是整治教学楼和宿舍的消防通道，确保各消防通道在应急时能正常使用，无障碍。协同总务处对厨房用电、用气、用水、消防设备、电器设备等进行安全检查，解决如灭火器布局不合理和数量不足等问题。

（3）开展常规和定期检查。

对各个班级和答疑室每天进行"三关"常规检查，定期开展安全工作检查，做到未雨绸缪、防患于未然，加强对教学楼、微机室、办公室、图书馆、宿舍和功能室等场所的用电检查管理，派专人定期检查用电线路和设备，做到绝缘良好，确保安全用电。对校内各个位置进行易燃易爆物品检查。对宿舍进行违规器械等检查。对实验室内腐蚀性物品的妥善保管并严格按照规定的程序操作使用等进行检查。

2. "防范胜于救灾"，完备的预防胜过完美的救助，重视预防，是校园安全管理工作的重要手段

（1）建立健全应急管理体系。

在学校主要负责人的领导下，设置或明确应急管理领导机构、办事机构，配备人员开展应急管理工作。依托深圳市应急办建立完善的安全动态监控及预警预报体系，每季度进行一次安全风险分析。发现事故征兆，立即发布预警信息，落实防范和应急处置措施。

（2）日常工作加强预案管理。

根据有关法律、法规、标准的变动情况，应急预案演练情况以及学校教学条件、设备状况、课程设置、人员、外部环境等的变化情况，及时评估和补充、修订、完善预案。应急预案至少每三年修订一次，预案修订情况应有记录并归档。学校按照"分类管理、分级负责"的原则报当地教育主管部门和有关单位备案，并告知应急预案相关单位，建立与教育主管部门和关联单位应急联动机制。

（3）定期开展预案演练。

组织开展地震、洪水等自然灾害和火灾、踩踏、中毒等事故预案演练。演练时确保应急物资到位。平时工作落实应急物资储备，做到数量充足、品种齐全、品质可靠。演练结束后加强对演练情况的总结分析，不断改进应急管理工作。针对学校事故易发环节，每学期至少组织开展一次以上预案演练。

3."责任重于泰山"，校园安全人人有责，激发师生参与的主动性，是校园安全管理工作的重要保障

建立事故隐患报告和举报奖励制度，对发现、排除和举报事故隐患的有功人员给予物质奖励与表彰。

对安全工作有突出贡献的教师将给予表彰和奖励；对举报校园安全隐患的学生，在每个学段考试结束后的表彰大会上，颁发"校园安全卫士奖"，引导学生养成举报校园安全隐患的习惯，形成安全人人有责的氛围，确保校园师生安全。

严密校园安全管理工作架构，真实而为，不假；保障校园安全工作推进，扎实而行，不虚；促进校园安全工作规范，助力校园安全管理工作完善，朴实而对，不装。唯有把校园安全管理工作做得真实、扎实、朴实，才能真正为师生的生活与工作提供优质的环境，为学校的健康发展保驾护航。

第三章

育人大道出奇技

小议高中班级文化和宿舍文化建设

刘尚源

一、研究背景

1.《科尔曼报告》

1964年美国詹姆斯·科尔曼教授带领一个研究小组收集了美国各地4000所学校60万名学生的数据，进行了美国教育领域所做的最大规模的调研。然后，他们对这些调研材料进行了大量分析。1966年，科尔曼向国会递交了《关于教育机会平等》的报告，这就是美国社会学史和教育史上著名的《科尔曼报告》。

人们知道，在此之前，黑人学生的文化教育水平较低，而且与白人的差距越来越大。科尔曼和大多数人一样，都以为这种差距主要是学校的物质水平和条件造成的。而调查结果显示：黑人和其他弱势少数民族后裔（拉丁裔和印第安人）与白人中产阶级相比缺乏一种改变和控制自己前途的自信。科尔曼把这种现象称为"selfesteem"（自我评估）。种族、肤色等因素造成社会地位的不平等，这些处于弱势的学生，自我评估比较低，他们觉得环境过于强大，不可能通过教育改变他们的人生。他们对自己的前途缺乏自我期望，觉得没有盼头，学习士气比较低，从而造成学习成绩低，与白人之间的差距越来越大。

影响学生成绩的主要因素不是学校而是家庭（家庭所处的阶层）。

以"手机管控"为例：大部分学生在学校受学习氛围和制度约束的影响，基本能控制手机，但是一些学生一回家就完全失控，这就是原生家庭对学生的生活和学习习惯的负面影响。

2. 原生家庭教育实例

2019年广西高考理科状元杨晨煜：语文140分，数学150分，英语150分，理综290分，参加全国物理竞赛获一等奖加了20分。

杨晨煜的妈妈说："孩子肯定要从小培养，所有的习惯必须要在他没有自主思考能力的时候，全部帮他养成。监督孩子习惯养成的过程是很痛苦的，你得时时刻刻监督他、留意他。只有小时候定型，后面的路才好走。你自己也要自律，而不是像现在很多父母那样，让孩子在那里拿着手机玩。平和及稳定的家庭，对孩子才是最好的。"

绝大部分人都没有做到自律，很多人说：我把时间都花在孩子身上了，可你真的将时间花在孩子身上了吗？例如，孩子做作业，很多家长在玩手机、看电视，并且还不停地念叨孩子不认真。又如，给孩子报补习班，大部分父母只负责当司机，送进去后就不管了，自己在一边玩手机，回头还喊养娃辛苦，这不叫把时间花在孩子身上，而是都花在自己身上了。有多少父母仔细看过孩子的课本作业，又和孩子分享过、交谈过？我想很少。

二、班级文化、宿舍文化的本质

班级文化、宿舍文化要抵御、改造的是学生原生家庭给他们带来的不好生活习惯和思维方式，要发展的是原生家庭给他们带来的好的或者没有的生活习惯和思维方式。

三、班级文化、宿舍文化的构成

文化是指人类在社会历史发展过程中制造的物质财富和精神财富的总和，如文艺、天文、地理、教育、服饰等。

班级文化是一个班级的灵魂，是每个班级所特有的。它具有自我调节、自我约束的功能。班级文化涉及与班级有关的各类人群，既包括以往我们比较关注的学生与学生之间的关系、师生之间的关系，也包括我们容易忽略的教师之间以及教师与家长之间的关系。而教师与教师之间是合力的关系，教师与家长之间是互补的关系。

班级文化可分为"硬文化"和"软文化"。硬文化是一种"显性文化"，是可以摸得着、看得见的环境文化，也就是物质文化，教室墙壁上的名言警句、英雄人物或世界名人的画像，摆成马蹄形、矩形、椭圆形的桌椅，展示学生书画艺术的书画长廊，激发学生探索未知世界的科普长廊，表露爱心的"小小地球村"，悬挂在教室前面的班训、班风等醒目图案和标语，等等。而软文化则是一种"隐性文化",包括制度文化、观念文化和行为文化。制度文化包括各种班级规约,构成一个制度化的法制文化环境;观念文化则是关于班级、学生、社会、人生、世界、价值的种种观念,这些观念弥漫在班级的各个角落,潜移默化地影响着学生;因制度和观念等引发出来,从学生身上表现出来的言谈举止和精神面貌,则是行为文化。

积极、健康、向上的宿舍文化对学生成长成才有着举足轻重的作用,伴随着同学之间思想、性格、追求的不断融合,宿舍与宿舍之间形成了各具特色的文化氛围。这种潜在的精神状态和极富凝聚力的氛围,就是宿舍文化。

可见,宿舍文化是以学生为主体,以宿舍为主要活动空间,以课余活动为主要内容,以校园精神为主要特征的一种群体文化。通过这种文化,营造出一种具有时代气息的新生活,使宿舍成为学生美化生活、优化环境、独立人格、健康身心的成长与成才摇篮。

学生宿舍文化的内部结构大体可分为三层:①表层宿舍文化。表层宿舍文化指宿舍的内部设施、布局结构、卫生状况等。②中层宿舍文化。中层宿舍文化主要反映各种规章制度,如学生的学习、生活制度,道德行为规范等及其执行情况。③深层宿舍文化。深层宿舍文化主要指宿舍成员的政治信念、思想意识、价值观念、精神面貌、心理素质、审美情趣等及其外化。

学生宿舍文化的这三个层次互为表里、相互影响、互为转换,从而构成一个特殊而相对完整的文化体系。

小结:美人如玉——学生个人内在的品质修养信念,班级、宿舍的制度和内在的精神(软文化、隐性文化);剑如虹——学生外在的言行举止,班级、宿舍的各种布置和整体氛围(硬文化、显性文化)。刚柔相济,相得益彰。

四、班级文化和宿舍文化的关系

宿舍文化可以说是班级文化的一部分,同时又有它的特殊性。宿舍是一个更小的集体,一个班级的几个宿舍能够体现班级文化的共性,同时又有自身的特色。

宿舍文化的主导者应该是班主任和得力学生,但班主任很难对宿舍进行直接管理。

生活教师是助手,协助班主任进行管理。生活教师应该多反馈宿舍情况,协助班主任,和学生一起打造健康向上的宿舍文化。

五、班级文化、宿舍文化的影响因素

班级文化、宿舍文化受到学生原生家庭、学校教育定位、学校文化、年级文化的影响。

学生原生家庭：建议对学校生源进行社会学分析，即大部分学生来自什么样的阶层，这些阶层的家庭有什么特点。

学校教育定位：我们希望把学生培养成典型的社会精英或中产阶级，还是社会中一颗普通的螺丝钉？

学校培养目标：身心健康有活力，勤奋进取有理想，创新求真有智慧，基础扎实有特长，终身发展有潜能。

学校的校园文化

校训：阳光、进取、平实、包容。

办学理念：以尊重的教育培养受尊重的人。

办学思想：真实、扎实、朴实。

班级文化、宿舍文化：学校文化这根主动脉的毛细血管。

2020届高三年级文化：立报国之志，增建国之才，践爱国之行。

年级精神：感恩、团结、勤奋、有恒。

高三口号：

> 高三，我们来了！
>
> 我们要做一颗种子，
>
> 突破一切障碍，长成参天大树！
>
> 我们要做一条河流，
>
> 冲破一切险阻，拥抱浩瀚海洋！
>
> 高三，我们来了！
>
> 我们用奋斗和坚持熔铸火热的青春，
>
> 我们用专注和自信谱写胜利的华章！
>
>
>
> 高三，我们来了！
>
> 我们定会——
>
> 继往开来，万木争春今夕放眼量！
>
> 圆梦二〇，群雄逐鹿一朝试锋芒！

六、班级文化、宿舍文化的定位

既然影响学生成绩的主要因素不是学校而是家庭（家庭所处的阶层），那么，班级文化、宿舍文化应该如何定位呢？

维持者：让学生安全度过高中三年。

辅助者：让学生在原生家庭的基础上有进步、有成长。

改造者：让学生在原生家庭的基础上有明显改变。

颠覆者：让学生彻底摆脱原生家庭的负面影响。

班级文化和宿舍文化可以改善原生家庭带来的负面影响吗？让我们来看一个案例。

关于《第56号教室的奇迹》
雷夫·艾斯奎斯

> 我这个老师没有特别突出的创造力，于是，我决定给他们我能力范围内最宝贵的东西——时间。
>
> ——雷夫·艾斯奎斯（Rafe Esquith）

在书的扉页上，雷夫郑重地写上上面这句话。读完全书后，我觉得雷夫不单单是付出了时间，他给了孩子们他拥有的最宝贵的东西——生命。一个老师愿意为他的学生花时间，这是最基本也最可贵的品质。《小王子》里说，你的玫瑰花之所以特别，是因为你在它身上花了时间。同样地，学生也会因为老师愿意在他身上花时间而变得与众不同。

第56号教室的孩子大多贫困，来自移民家庭，英语也不是他们的母语，他们是《科尔曼报告》中自我评估比较低的黑人等弱势群体的后代。这些似乎注定平凡的学生却在一个充满爱心与智慧的老师的培养下，全国测试成绩高居全美TOP5%，他们长大后纷纷就读于哈佛、斯坦福等顶尖大学并取得不凡成就。这一切奇迹的缔造者就是雷夫·艾斯奎斯老师。

他用简单而有效的教育方法将理论和实践完美结合，"终身阅读""亲手劳作""以运动为本"等课程不仅可以在课堂上立刻实践，而且在家庭教育中也同样实用。

此外，与铁腕管理相反，雷夫提倡的是"没有害怕的教育"和彼此信任；与"小红花"奖励不同，他反复强调知识本身就是最好的奖品……优异的教学质量，孩子个个谦逊有礼、诚实善良。

这样的成就，追溯其根源则是雷夫反复强调的"道德培养的六阶段"理论：①我不想惹麻烦；②我想要奖赏；③我想取悦其人；④我要遵守规则；⑤我能体贴别人；⑥我有自己的行为准则并奉行不悖。

近25年的教育实践，雷夫深信：着力孩子的品格培养，激发孩子自身的高要求才是成就孩子一生的根本。

他仍然坚守在他的第56号教室，证明着一个人能够在最小的空间里创造出最大的奇迹……

第十三章《电影英雄》中，他就化身成了一个精神救援者，把孩子们从原先热衷的《强尼狂杀》《血魔大反击2》这类低俗电影的泥淖中救出，通过推荐观看优秀的电影来树立他们良好的品格，锻炼他们认真思索的能力。

第十五章《不过是摇滚乐而已（但是我喜欢）》中，一位"摇滚之囚"带着一群孩子生龙活虎地演奏着经典与流行并举的音乐的情景仿佛就在读者眼前，在音乐的世界中他们激荡着自己、绽放着生命。

第十一章《经济学的天空》中，雷夫精心打造了一个模拟真实的经济环境，让孩子们在实践中体验每一个经济概念的神奇与精妙，为孩子们树立了正确的经济观念和金钱观。

第十四章《行万里路》中，雷夫带领着他的小小莎士比亚们用一种不同于平庸孩子的热情来追求知识的深度。

每一个时代和社会制度都有其不完美的地方，雷夫对美国的教育体系也不满意，但是，他以自己的努力来打破这些传统和不完美，他以自己的创造力来引导孩子去追求真正的教育目标。

七、班级文化中班主任的主导作用

从上面的案例可以看出，班级文化是可以改善原生家庭带来的负面影响的，甚至可以让打有原生家庭种种不良烙印的学生脱胎换骨。

但是，这对教师的要求很高，并且雷夫老师教的是小学。高中能否做到这样，应该还要深入研究。

其实，影响学生成长的主要是家庭的社会经济地位，但更主要的是父母的生活、思维习惯和教育方式，后者和学生的学习成绩、综合素质成正相关。

研究表明：成绩好、综合素质高的孩子，母亲一般比较有条理又有趣；父亲越认真、越有条理、越有礼貌，孩子成绩越好，综合素质越高。

要想让班级文化、宿舍文化对学生的精神世界产生实质性影响，班主任要扮演学生"再生父母"的角色。

八、班级文化中班主任的主导作用

教育要思考三个问题：培养什么人？怎样培养人？为谁培养人？作为教师，还要思考一个问题：为什么要培养人？最根本的问题：为什么当老师？这涉及一位教师最基本的职业价值观。作为深圳的教师，还有一个不容忽视的问题：为什么来深圳？是为了名、利、权、势、安稳喜乐，还是为了实现自我的人生价值、为社会国家做贡献？

这其实是要教师真心诚意，正本清源。心、意、本、源都属于"道"的层面，建设和实施途径则属于"术"的层面。

班主任的价值观和动机决定了班级文化、宿舍文化的境界与品位。

班级文化建设，教师是主导。如果要做家庭教育的改造者甚至颠覆者，教师要扮演学生"再生父母"的角色。教师应该认真、有条理、有礼貌，还要有趣。教师首先要在学识和人格上取得学生的信任，其次要在情感上深入学生内心，最后通过各种教育手段来改造学生的思维方式、学习习惯和生活习惯。

班主任的教育思想、情怀、个性、智慧对班级文化、宿舍文化有决定性影响。

小结：

美人如玉剑如虹

如玉美人细腻、柔和，如虹之剑刚强、果敢，刚柔相济，相得益彰。

成绩好的孩子，母亲（美人）一般比较有条理（剑）又有趣（剑）；父亲（剑）越认真（美人）、越有条理（剑）、越有礼貌（美人），孩子成绩就越好。

班主任扮演学生"再生父母"的角色

班主任应该认真（美人）、有条理（剑）、有礼貌（美人），还要有趣（剑）。刚柔相济，相得益彰。

九、班级文化中班主任和科任教师的配合

班主任和科任教师要在思想上互相理解，工作上互相支持，风格上互相补充，行动上互相补台。

十、班级文化、宿舍文化中老师和家长的配合

老师和家长要在思想上互相理解、工作上互相支持、行动上互相补台。

例如，手机管理：家长要理解支持配合；家委会：家委会要理解支持配合班主任的各项工作，积极传播正能量，如学生对老师的看法、班级团建活动等。

十一、班级文化、宿舍文化中学生的主体作用

一切为了学生，为了学生的一切。充分了解学生。学高为师，身正为范。

十二、班级文化建设实例

1. 2020届高三（18）班班徽（见图1）

图1

2. 高三（18）班团队建设活动设计

时间：2019年11月8日晚上，全班分成七组，每组四人，一人当牧羊人，剩下三人做小羊，牧羊人配一只口哨，三只小羊用眼罩蒙住眼睛，三张A4纸当青草地。游戏时，牧羊人只能用口哨引导蒙住眼睛的小羊找到被任意摆放的青草地。3分钟准备时间，小组商量策略；3分钟游戏时间。该游戏考验的是队员对于游戏规则的快速理解能力、团队合作意识、对于指令的执行力等。

3. 教室布置实例

（1）高三（15）班班级文化如图2所示。

图2

（2）高三（16）班教室布置如图3所示。

图3

（3）高三（17）班教室布置如图4所示。

图4

（4）高三（18）班教室布置如图5所示。

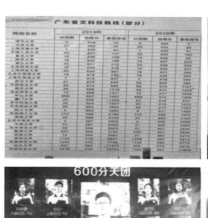

图5

（5）高三（19）班教室布置如图6所示。

图6

（6）高三（20）班教室布置如图7所示。

图7

4. 高三（4）班班级文化建设实例

（1）一封写给学生的"情理"书。

体育节前几天，王妍老师发现班上的学生学习状态很差，她截取了上课的监控视频，在班上放给学生看，并对学生进行批评教育。2019年11月7日早上体育节开幕式前，她发现班上女生有化妆的现象，马上让她们擦洗掉，并且向年级申请不参加入场式评选。当时王妍老师对学生这几天的表现很失望，于是她悄悄地离开了班级看台。学生发现班主任被"气"跑了，非常着急，后来，他们发现了王妍老师的一封信。

一封写给学生的"情理"书

和你们相处了两年的时间，今天才明白，咱们班的男生可以把课上成菜市场，在课堂上"百草齐放，百家争鸣"。今天体育节开幕式，带着学生处昨天彩排时对（4）班的高度评价，我看到了咱们班化妆的女生，黑得发亮的眉毛，满脸金色的亮点，睫毛上的双眼皮贴，劣质的口红，这让我觉得我们两年多的相处不过是一场笑话。你们可能会说都化妆了！我想说，重点班和卓越班有多少人化妆？！

人首先要以优秀的人为榜样，才能警示自己不断优秀。二高3000人，什么人没有？二高的前十名比如康平，比如雨阳，也许是你们一辈子都难以攀爬的高山，但是只要你们仰望山顶，一切还有可能。如果高三剩下的210天里咱们班的男生、女生还是盯着山脚，那么祝贺你们，你们将会提前出局！

二高的班主任中我晚上值班的次数最多，我5岁的孩子我一个月接不了两次，你们想想两年了，你们见过我儿子的次数一个手都能数得清楚。两年了，我以为我们的价值观变得相同了，我以为优秀是一种习惯已经内化到你们的骨髓。我错了！我大错特错！

高三（4）班一半的学生这么有"主意"，这么有"见地"，那么你们且行且珍惜，恕我提前退场，祝你们好运，祝你们在放飞的道路上，快乐成长！

点评：

爱之深，教之切。表面上是恨铁不成钢，实质是平等的交流，更是以退为进，晓之以理，动之以情！

（2）班会实例。

① 第一周班会：那些考上清华、北大的学生到底比我们强在哪里？（三个方面：一是有清晰的目标，二是对自己有清晰的认识，三是对未来执着追求）目的是树立目标，坚定信心。

② 第二周班会：方法比努力重要（班会目标：①让学生区分什么是真学习，什么是假学习，如理科女生一字不漏地做笔记却根本不懂为什么，理科男生拼命刷题却不懂一个题眼就能改编成无数道题。②学习管理的六个环节，提出班级口号：错题不错一年承诺。一轮复习紧跟课本，二轮复习查漏补缺）。

③ 第三周班会：不把浅表性劳动当成努力。第二周班会后，观察（4）班还有一些假学习现象，所以再次对假学习现象进行分析。

④ 第四周班会：第一次月考动员。通过介绍大学，再次明确第一周班会提出的梦想，然后分析实现梦想的实际操作。给（4）班提出希望：不开夜车，按时作息，向课堂和自习课要质量。

⑤ 第五周班会：理综学法指导，并要求班级物理、化学、生物科代表算出每天作业的合理用时，然后提出希望：三个科目绑定到一起完成。

（4）班班会整体来说就是主题不断滚动强化，直到全班学生基本达标为止。先分析概念，再分析班级现象，然后提出要求，最后介绍方法。比如树立目标，一共上了6次。树立目标，我就发现不断地深入，学生才能真正掌握班主任想要他们做到的，如果单单是理论说教，只能坚持两周，学习动力不会很强。

5. 班级风气举例

静·净·敬·竞

（1）静。安静的"静"——静能生慧。

① 课堂安静。做到肃字领先、静字当头，自觉遵守学习常规。

② 集会安静。集会快、静、齐，严格遵守大会纪律，认真听学校领导、教师和同学的报告、讲话与发言。

③ 课间安静。课前、课后休息时，举止文明，尤其不在楼道高声喧哗、追逐打闹。

（2）净。干净的"净"——净能生美。

① 心灵净、语言美、行为美。思想先进，积极向上，不断净化思想。在校内外都不说粗话、脏话，不断净化语言。严格遵守学生行为规范，举止文明，不断净化行为。不抽烟，不喝酒，不赌博，不打架，不欺辱同学，不进营业性"两室三厅一吧"，不看黄色书刊、影视。

② 环境卫生干净。按时打扫教室和卫生区卫生，平常注意保持班级负责区域清洁干净，看见纸屑主动捡起来。个人仪表端庄，讲究个人卫生，穿着整洁、朴素大方，不染发、不佩戴首饰，男生不留长发，女生不穿高跟鞋。

（3）敬。尊敬的"敬"——敬能生德。

① 敬学业。明确学习目的，端正学习态度，努力完成各项学习任务，并注意能力的培养和个性特长的发展。

② 敬师长。尊敬学校领导、老师、来宾、职工，尊敬教职工的服务，认真接受老师传授知识，主动参加各科学习实践活动。学会感恩，体谅家长的良苦用心。

③ 敬同学。同学之间要互相尊重，以礼相待；要团结，互相帮助，对待有困难的同学，要主动关心，排忧解难，助人为乐。

（4）竞。竞争的"竞"——竞能生优。

树立竞争意识。立足"我能行"，不断增强竞争意识。未来行业的竞争，社会的竞争，主要是人才的竞争，是人的创新精神的竞争。只有创造性地劳动方能占有社会空间的一席之地。

十三、宿舍文化建设措施举隅

（1）宿舍成员的性格搭配由班主任掌握。

（2）年级和班级层面在宿舍常规上严要求。例如，在宿舍玩手机被抓到取消住宿资格，迟到两次即停宿等。

（3）评选"行为规范优秀宿舍""成绩优秀宿舍""成绩进步前五名宿舍"。

（4）打造"双优宿舍"。高标准、严要求，宁缺毋滥。

（5）班级层面：班级内部宿舍比拼。举行班会，策划教育活动，喷绘宿舍公约和励志图片等。

十四、宿舍文化建设实例

1. 宿舍布置实例（见图8）

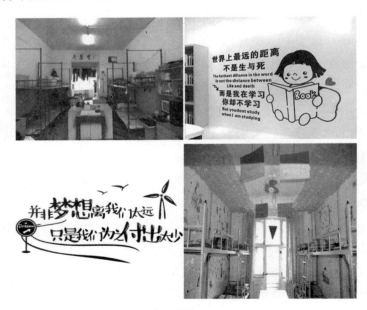

图8

2. 学习和行为规范优秀宿舍（双优宿舍）心得

双优宿舍心得一 ［高三（10）班］

一个团体，最重要的便是团结，做到每一个人都严格遵守规矩，不给宿舍拖后腿。

在教室里，我们认真学习，尊敬师长；在宿舍里，我们和睦相处，互帮互助。也许我们性格迥异，各有各的爱好，但是我们会互相包容，寻找各自的闪光点。遇到困难时，舍友们也会伸出援手。

我很高兴能够生活在这样一个和谐的小集体，希望我们下一次还能再创佳绩！

双优宿舍心得二 ［高三（10）班］

高中三年是在暴风雨中度过的三年，每天、每时、每刻皆有变数。既然上了532宿舍这条船，无论在一起多久，都要同甘共苦、团结如一。

对自身的高标准严要求：按时睡觉，不开夜车，合理安排时间。只有养成良好的生活习惯，才能更好地学习发展。

同时我们同学之间也求同存异，让每个人都发挥自身特点，让大家过得不受约束，可以随心而动。

只有团结、严要求、互相尊重，才能让宿舍这个集体发挥最大的作用，让每个舍友都可以成为顶尖人才！

双优宿舍心得三 ［高三（18）班］

我们很荣幸被评为双优宿舍，这是对我们宿舍每个成员这段时间学习和生活努力的肯定。

在我们看来，营造良好的宿舍氛围，舍友的相处最重要。室友之间要相互信任、相互尊重，多交流思想，多沟通感情，一起学习进步，能力互补。有长处要相互学习，有短处要相互提醒，有难处要相互关心，有错处要相互帮助，就像家人一般。

学习氛围更要引起重视。在我们宿舍，大家早睡早起，从不过度熬夜学习。良好的睡眠质量为第二天的高效学习提供了保障，规律、健康、和谐的作息也对大家良好习惯的养成有一定帮助。大家坚持晨跑，从不缺勤，每天都会分享水果，宿舍生活和谐、融洽。

"三实德育"之班级文化建设构建思想和灵魂的家园

——浅谈班级文化建设

陈伟华

尊敬的各位领导、亲爱的班主任战友们:

大家上午好!

欢迎大家来到美丽的深圳市第二高级中学(以下简称"二高")。作为班主任代表,今天我发言的主题是"构建思想和灵魂的家园——浅谈班级文化建设"。二高在践行"三实"德育时,大部分班主任都有一个比较相近的观念:班级就像一个人一样,它是有思想、有性格、有精神的,它的思想、性格、精神依赖于班级的文化建设。一个班如果没有班级文化浸染,是没有灵魂和生命力的,班级管理的最高境界其实就是班级文化的建设。当我们在谈论班级生活如何影响学生的态度时,实际上我们说的是一种班级文化如何影响学生的价值观。

鉴于认识的局限性,我今天主要从三个方面来与大家交流:一是班级文化内容;二是班级文化建设的过程;三是班级文化的一些感悟。

一、班级文化内容

说到班级文化,我们很多人一下子就会联想到班级文化墙、班服、班旗、班徽、班歌,如果对班级文化的认识只停留在这些方面,我觉得是不够的。班级文化是"班级群体文化"的简称,是一种组织文化,是信念、价值观和态度的复合体。这个复合体包括精神、物质、制度、行为等多个方面,它们共同构成"班级文化体系"。班级文化的内容是非常广泛的,它包括物质文化、精神文化、制度文化、行为文化。物质文化是班级文化的物化与外在表现,是班级文化的显性表现,主要包括班级标志、教室布置和班级资料。班级标志常见的物化品有班徽、班服、班旗、班牌；教室布置主要涉及墙壁、展板、荣誉栏、课桌、书柜、讲台，甚至绿色盆栽；班级资料包括班级日志、影像资料、师生文集、印刷品、宣传海报、班级奖品等。精神文化是班级文化的内在核心，它是班级文化的起点，包括班名、群体价值观、班级愿景、班级特色。班级的寓意解读属于班名设置范畴，班级口号、班训等关键词体现群体价值观，奋斗目标、理想梦想、班歌是班级愿景的表现，班级故事、典故是班级特色的呈现。制度文化是班级文化建设的重要一环，主要包括组织结构、规章制度、评价体系。行为文化是班级价值观形成的重要推力，主要有班级传统活动、班级节日、仪式典礼、行为规范。

一间布置得很漂亮的教室不一定有文化，一个班名、班徽、班歌、班级口号齐全的班级不一定有文化，一个经常开展热闹活动的班级不一定有文化，一个成绩优秀、各项指标领先的班级也不一定有文化。

如果我们看到这样的画面（见图1）：班级所有学生在集会场所中高唱国歌，严格有序、庄严肃穆、心存敬意，我们就能感受到班级文化的力量。真正的文化不是贴在墙上的，而是根植于学生内心，写在学生脸上，表达在学生的行为举止上的。让文化的核心——班级精神被学生高度认同，并对学生的品质和行为产生深远的影响，是班级文化建设的目标。

图1

二、班级文化建设的过程

我们说班级文化建设是"内外兼修"的过程。内指的是核心价值观、愿景的精神内核，外围主要是物质文化展现。班主任要有大局观，确立班级精神文化的核心，围绕核心建立机制，沿物质文化、制度文化、行为文化三条线索，从内向外辐射，逐步建设，历经创建、认同、形成、普遍化四个阶段，逐渐形成体系。反过来，从外向内强化核心价值。这四个阶段之间并无明显的界限，通常都是前后交叠在一起，逐渐过渡的（见图2）。

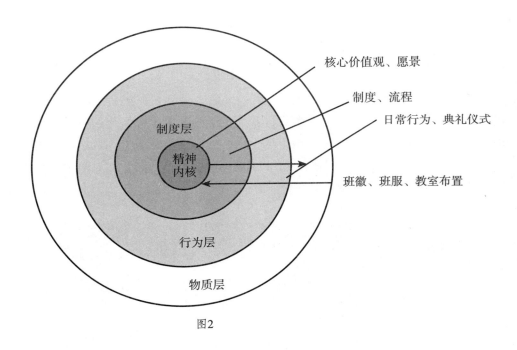

图2

班级文化建设一般要历经四个阶段：①创建阶段；②群体认同阶段；③共同价值观形成阶段；④价值观普遍化阶段。贯穿班级文化建设始终的是班级精神。

班级精神需要以最简练的方式呈现，但精准的关键字、词、句的提炼总是颇费思量。班主任首先要认真研究班级、研究学生，给班级以准确定位，提出班级发展愿景。可以向学生（及家长）广泛征集（班主任也可从学生的方案中了解到学生的认知水平和思想状况）体现班级核心价值观的关键词，在经过充分研讨、整合之后，最终确定。其中，班主任的引领作用十分关键，因为班主任具备一定的专业素养和经验，所站的高度足以俯视全班，能从专业视角给班级定位并能预见班级的发展趋势。班主任经过观察，知道自己的班级需要什么，自己的学生缺少什么，需要在哪些地方锻炼提升。这种高度是学生和家长所达不到的。另外，学校的传统和校园文化氛围、当地的历史文化特色等资源可以作为确立班级文化核心的重要参考。班级文化建设的主要情况如图3所示。

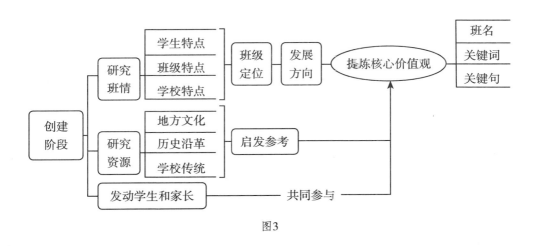

图3

高二年级多个班级的班名在提炼过程中做了很多尝试。比如，高二（4）班班名叫"新四军"，班主任刘向老师解读其寓意是：新四班、新组合、新高考、新面貌，教师团称为新四军司令部，家委会称为后勤部、参谋部，班级管理条例清晰，令行禁止，纪律严明。"东风十班"是高二（10）班王世风老师的班级，他解读班级寓意是："东风夜放花千树"，东风有吹开万物的能量，（10）班的学生有无穷的能量，"万事俱备只欠东风"，我们已经在不断锤炼自己，只差一个机遇来证明自己，高考就是东风。高二（16）班班名叫"琳琅班"，班主任陈琳老师解释它的寓意：玉不琢，不成器，期许班级的学生多元化发展，未来的人生琳琅满目，每个人都有不同的精彩。陈老师还在体育节期间把班上所有人的名字取其一字写成《琳琅赋》。高二（18）班别称"橙子班"，又称"成班""诚班"，班主任杨成老师希望班级学生十八般武艺全使出来，建设成功、诚实之班，期待学生诚实、成功、成熟、成才！另外，班标颜色为橙色，橙色是暖色、最温暖的颜色，快乐而坚定，橙色与二高的校色黄色一脉相承，传递学校"三实"理念："真实、扎实、朴实"。另外，高一年级班名也很有特色，高一（14）班的学生大部分是猴年出生的，班主任陈河奔老师与班级学生讨论，将班级命名为"齐天班"，寓意：一个由53只小猴子组成的班级，他们有齐天之志。每一个学生都渴望自己如齐天大圣孙悟空一般，永不服输，但又能和同伴一起克服"九九八十一难"，共同取得高考真经。

1. 班级文化创建阶段的主要工作

班级文化创建始于班级新建，到班级稳定运转一段时间为止，大约是半学期的时间。这是一个从发散到收敛再到发散的过程，该阶段的工作以班主任为龙头，但是班主任也需要发动学生和家长积极参与。

创建阶段主要工作有三个步骤：确立班级文化建设核心，将班级文化核心以一定的物化方式呈现，将班级文化核心通过各种渠道广为传播。

【案例】2018级海星班的班级文化建设实践

（1）确立班级文化建设核心。

班主任陈纳德追求的班级精神是超越自我、锐意进取，所以班级文化建设的核心就是超越自我，追求卓越。

海星班的来历：海星最初来自谐音"还行"，我们认为自己还不错，班主任陈老师也是感觉自己的专业水平、教学能力、教育态度还行，有点小"清高"。后来，我们发现海星的形象可爱，在海洋生物链中是不可或缺的一类物种，具有超强的自我修复能力及惊人的再生本领，这种坚韧不拔的个性与我们期待超越自我、锐意进取的精神十分契合。所以，我们非常喜欢这个班名。

（2）将班级文化核心以一定的物化方式呈现。

班徽是班级精神最形象的注解，以数字17为设计主题，"海星"图形代表班级的学生，蓝色条纹代表海洋，也象征书籍，即知识的海洋；中间的数字"1"表示追求卓越，争创第一；右边由"7"变形的图形，表示突破瓶颈，超越自我；外围圆形表示地球，蓝色表示海洋，寓意格局与视野。总体表达：（17）班的海星们为了各自的理想，畅游在知识的海洋中，积蓄力量，终有一天会冲破极限，超越自我，创造卓越（见图4）。

图4

后来，我们以此为基础，又设计了班旗、班牌、班级印章（见图5）。

图5

（3）将班级文化核心通过各种渠道广为传播。

通过班级文化墙、社交媒体、学习组将班级文化广为传播。教室是学生主要的活动场所，也是重要的育人阵地，教室布置是班级文化环境建设不可或缺的重要环节。学生是班级的主人，教师要充分发挥他们的想象力和创造力，激发他们用自己的智慧和双手来创设有特色的且为自己所喜爱的文化环境。优美、高雅、富有教育性的班级环境文化能陶冶师生的情操，沟通师生的心灵，激发师生教与学的积极性。在班级环境文化建设上，要组织学生精心设计和布置，使教室的每一块墙壁、每一个角落都具有教育内容，富有教育作用。黑板报和墙报、班级书柜是班级环境文化建设的主要内容，是"班级的眼睛"。我们把布置和更换黑板报、墙报的任务交给能写善画的学生。但是，那些没有参与的学生，如果对这些黑板报、墙报不感兴趣，可以要求他们在社交媒体方面，通过微信公众号、今日头条、美篇进行班级文化宣传。让每个人都有"把自己才能表现出来"的良好愿望，而这些方面的宣传给学生提供了一个施展才能的舞台，让每个学生都有机会参与，从而来表现自己：表现自己的观点，表现自己的理想，表现自己的美感，培养创造的个性，让有限的教室空间成为无限的教育资源（见图6、图7）。

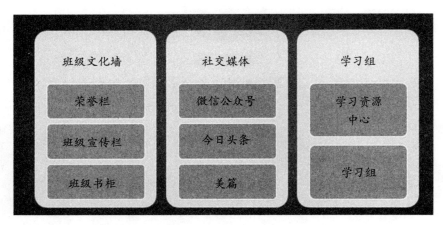

图6

教室布置：文化主题、简约、留白

图7

班级精神的物化是需要长期浸染、深入人心的。

2. 班级文化建设认同阶段的主要工作

认同阶段主要通过制定班级公约、召开系列相关主题班会、加强平时的案例点评教育，进行文化归属认同。

（1）制定班级公约。

我为班级订公约——自己制定班级公约是认同班级精神的开始，在班级公约制定的过程中，在班主任的指导下，围绕班级核心价值观，要求每个学生书写，通过班主任和班委会进行选择、合并、剔除、添加形成，初稿须确保班级每个学生有至少一条建议进入，然后召开班级大会，投票通过，通过后需要润色文字，形成班级风格，最终成稿（见图8）。

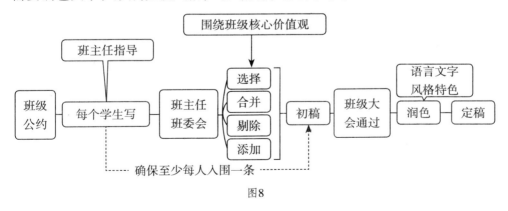

图8

【**案例**】**高二（10）班公约**

自习：静，安以凝思，静以致远。

（1）无声自习，不交头接耳，不起哄。

（2）不与同学讨论题目，如实有需要，出门讨论。

（3）出教室前应报告值日班长，不擅自离开。

（4）不迟到，不早退。

卫生：净，干净整洁，井然有序。

（1）地面无显眼垃圾。

（2）讲台、书柜上物品摆放整齐。

（3）桌椅摆放到位，地面无水瓶、书包。

（4）及时完成值日任务，不逃不溜。

课堂：进，心无旁骛，积极进取。

（1）不睡觉，不起哄。

（2）尊重老师，不甲课做乙事。

（3）勤做笔记，积极互动。

（4）有问题向老师提出，不与同学交头接耳。

学习：竞，自主学习，良性竞争。

（1）制订学习计划，确立学习目标。

（2）有钻研精神，不轻易言弃。

（3）保质保量完成作业。

行为：正，品行端正，遵纪守法。

（1）遵守校规、班规。

（2）有礼貌，见到老师主动问好。

（3）明辨是非，不欺凌、孤立同学。

（4）积极配合老师、班干部的工作。

在学生讨论和班级公布后，润色文字，形成最后班级公约。

（2）召开系列相关主题班会。

班级核心价值观只是指出了班级总体的发展方向，尽管有很多物化的手段可以呈现，但毕竟还是有些空泛。班级必须将核心价值观转化为一些具体的可以让学生真实感知的行为、活动，并以此来影响学生的个体价值观。所以，此时要召开相关的主题活动，围绕班级文化核心，提高学生情商，塑造人格，搭建良好价值观形成平台。设计主题班会涉及意志力、价值观、习惯、感恩等内容。每一次班会课及活动都要有主题，认真策划，及时布置作业，并进行活动反思。

【案例】高二（17）海星班的主题班会课（见图9）

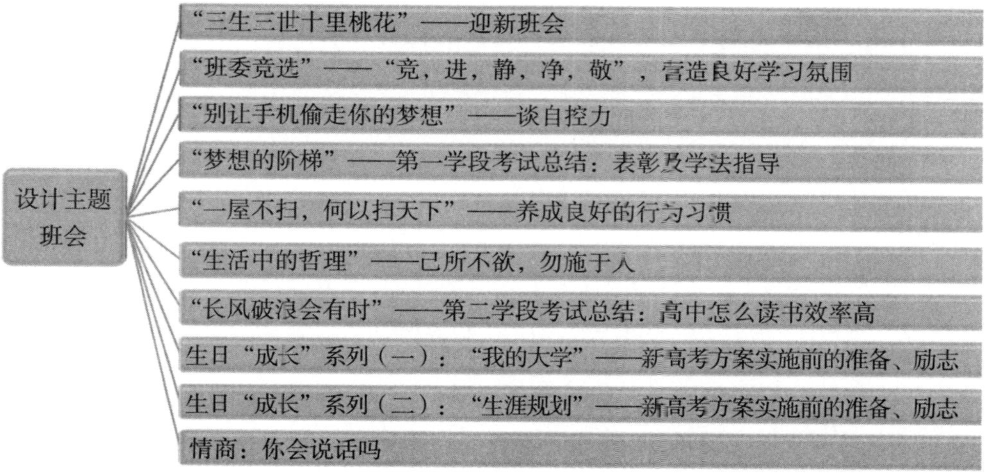

"三生三世十里桃花"——迎新班会
"班委竞选"——"竞，进，静，净，敬"，营造良好学习氛围
"别让手机偷走你的梦想"——谈自控力
"梦想的阶梯"——第一学段考试总结：表彰及学法指导
"一屋不扫，何以扫天下"——养成良好的行为习惯
"生活中的哲理"——己所不欲，勿施于人
"长风破浪会有时"——第二学段考试总结：高中怎么读书效率高
生日"成长"系列（一）："我的大学"——新高考方案实施前的准备、励志
生日"成长"系列（二）："生涯规划"——新高考方案实施前的准备、励志
情商：你会说话吗

设计主题班会

图9

（3）加强平时的案例点评教育。

班级每天发生的事情、出现的问题为班主任的教育工作提供了丰富的素材。班主任要有敏锐的嗅觉和善于发现的眼睛，善于利用学生身边的案例进行教育。教育不能就事论事、蜻蜓点水，应该"高起点，低落点"，仔细分析案例中隐含的价值判断、行为动机，进而上升到学生素养培养的层面。点评有导向功能：通过理性分析和价值观引导，可以让学生明白在班级里什么值得做，什么不值得做，什么是对的，什么是错的，向别人学习什么，要远离什么，什么应该努力追求，什么应该学会放弃。

3. 班级文化形成阶段的主要工作

即使学生认同班级核心价值观，也不代表这些价值观可以自动转化为学生的行动。在学生对班级核心价值观认同（至少不抵触）后，班级文化建设将进入"攻坚战"——群体价值观形成期。这是把班级倡导的核心价值观真实转变为学生自己的价值观的过程。受固有习惯、周边环境等因素影响，学生在行为上必然会出现反复，所以，这一过程不可能一帆风顺。除了继续坚持集体教育和个体教育外，还需要有制度保障，并通过活动予以强化。

（1）建立健全班级制度，逐步建设班级制度文化。

制度文化是指有核心理念支撑，师生共同制定并完善，有自己的班级特色，被学生高度认同的制度体系。班级制度不仅是班级文化建设的保障，本身也是班级文化的重要组成部分——制度文化。在班级文化建设中，不能仅仅利用制度的强制约束性功能（如对违反规定的学生严加惩处），还要用制度来引导学生的行为，影响学生的价值观，发挥文化管理的作用。所以，有了制度不等于就有了制度文化，关键还要看是什么样的制度，怎么制定制度，怎么使用制度以及制度在班级生活中的意义。

建设班级制度文化，需要班主任用正确的教育观念指导制度的制定、执行和教育工作，也需要有一定时间的积累。

制度文化建设牵涉六个要点：①核心：善的制度；②制定：教师自定→全员参与；③表述：个性化，有班级特色；④执行："火炉法则"；⑤教育：规则意识的培养；⑥演变：零散→体系化→消亡。

这里阐述两个要点：一是制度要"善"，善主要考虑制度设计要公平正义，有人文关怀；二是制度执行要体现"火炉法则"。火炉法则主要包括以下几个方面：①警示性原则，火炉红热，不碰也知道很烫；②及时性原则，火炉红热，只要触碰马上会被灼伤；③必然性原则，火炉红热，触碰必然会被灼伤，这次碰了会灼伤，下次碰了还是会灼伤；④平等性原则，火炉红热，无论什么人，只要触碰了火炉，都会被灼伤。

（2）开展与文化建设主题相关的活动。

高二（17）海星班在班级活动设计中设计了生涯教育、青春期教育、爱国主义教育，包括走进大学、企业，不一样的生日会，家长进学校（见图10）。

图10

后面价值观的普及就水到渠成了。

班级文化的建设成果，从短期来看，学生对班级的认同感明显提升了，学生朋辈关系更加良性，师生之间，学生对老师的敬重，老师对学生的欣赏，会为学生价值观的形成营造一个良好的环境氛围。从长远来看，良好的班级文化有利于学生心理成熟，树立正确、正能量的价值观。

【案例】高二（17）海星班师生留言（见图11）

图11

三、班级文化的一些感悟

感悟一

在践行学校"三实教育"理念的过程中，我积极汲取刘向名班主任工作室的优秀经验：班级文化建设。在此过程中，我真正体会到，班主任的工作态度、教育艺术水平、教育方法、组织管理能力及以身作则的表率作用，影响着班级的各项文化建设，影响着学生身心的成长速度和趋向。我也意识到，班主任是塑造学校形象的最佳代言人，一个班主任就是学校的一面旗帜。作为班主任，不但要有良好的文化修养，还要有科学的工作方法。

感悟二

班级文化的形成条件如图12所示。

图12

感悟三

班级文化建设是一种自然生成的过程，班会与班级活动是形成班级文化的两种主要形式，班主任是班级文化的引领者，班干部是班级文化的先锋军。

感悟四

真实，扎实，朴实。

这就是我对班级文化建设的一些粗浅认识，不足之处，请大家多多批评指正，谢谢！

欲栽大木柱长天

——浅谈"三实"德育下的家校合作

王世风

尊敬的各位领导、同行们：

大家上午好！

首先热烈欢迎远道而来的客人。各位的到来至少有三乐：天朗气清，惠风和畅，此为天时之乐；胜友如云，高朋满座，此为地利之乐；"悟言一室之内"，共谋英才德育之道，此为人和之乐。三乐同至，也预示着今天这场交流活动将取得圆满成功。

接下来我要和大家交流的题目是"欲栽大木柱长天——浅谈'三实'德育下的家校合作"。

家校合作不同于家校沟通，家校沟通主要是就交流的方式而言，家校合作则是指教育者与家长（和社区）共同承担学生成长的责任，可以泛指家长在子女教育过程中，一切可能与学校互动的行为。马忠虎认为，家校合作就是指对学生最具影响的两个社会结构——家庭和学校形成合力对学生进行教育，使学校在教育学生时能得到更多来自家庭方面的支持，而家长在教育子女时也能得到更多来自学校方面的指导。黄河清将家校合作定义为家庭与学校以促进青少年全面发展为目标，家长参与学校教育，学校指导家庭教育，互相配合、互相支持的双向活动。

交叠影响域理论有这样的图示：有些活动应该是学校、家庭和社区分开来进行的，要重视家庭、学校等个别机构对于学生的独特影响力；而有些则必须是三者共同完成的，三者之间发生的交叠将可能造成参与某项活动的条件、场地、机会或不同的激励效果的形成，同时也决定了某项活动的数量（见图1）。

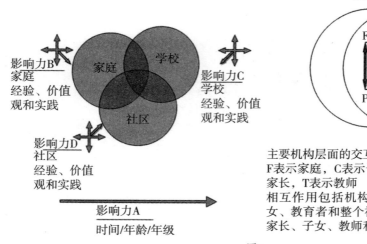

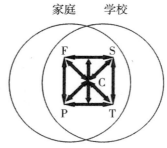

主要机构层面的交互作用（在交叠区）
F表示家庭，C表示子女，S表示学校，P表示家长，T表示教师
相互作用包括机构层面（如所有家庭、子女、教育者和整个社区）和个体层面（如某家长、子女、教师和社区伙伴）

图1

鉴于此，我们在班级层面将家校合作分成建立组织、参与学习、助力成长、交流互鉴、建设集体、环境共营六个部分。

一、建立组织

建立组织指的是建立家长委员会组织。家长委员会是家校合作的重要桥梁，也是家长有效参与德育工作的重要途径。一个优秀的家长委员会不仅有利于教师顺利推进教学工作，也将在班级建设、德育管理工作中发挥至关重要的作用。家长委员会的重要性和必要性毋庸赘述，难点在于如何组建。

1. 了解是前提

一个新班级组建完成，我们所面对的不仅是一群陌生的学生，同时也是一群陌生的家长，他们有着不同的教育背景、不同的生活经历、不同的思想观念、不同的生活状态，要将他们迅速地组织起来，形成富有战斗力的家委队伍，了解是关键。如何简便、快捷地了解家长？我们可以利用班级初建时的"蜜月期"，以问卷的方式进行。

问卷可以帮助班主任全方位地了解家长：从亲子关系到教育理念，从价值观到工作态度。

值得注意的是，问卷中问题的设计要尽量做到言简意赅，不要挑战家长的耐心，也不要触及家长的底线；版面也要做得精细、美观，因为它不仅是信息的载体，同时也显示出班主任的专业性，甚至是审美水平。

2. 民主是根本

民主主要是指家委成员产生的方式，采用民主的方式能够有效地发挥家长的主动性，推举出令家长信服的代表，也利于发挥家长所长。陌生无所知的民主会流于形式，达不成工作效果；熟悉而有所感的民主有实质，家长能选出符合班主任要求的人选。班主任可以在了解家长信息的基础上做适当的引导，而家委会议上的竞选演说、民主投票环节也不可少。

3. 引导是关键

要让家长委员会成为班主任、任课教师的助力，班主任的引导是关键。组建完成之后，班主任工作思想的传达极为重要。我们所接触的家长大多保留着小学、初中时的工作作风，认为做好后勤保障工作就是家长委员会工作的全部内容的大有人在。要让家长顺着班主任的工作思路开展工作，在班级建设的过程中发挥应有的作用，班主任需要在会议中不断传递、强化相关理念，直至改变（第一次家委会议流程）。

4. 沟通是保障

家长委员会组建完成之后，随着短暂的"蜜月期"过去，很容易陷入沉寂的状态。沉寂而无所为，家长委员会容易沦为一个空壳。班主任可以在后续的班级建设中，鼓励家长主动思考，开展工作，或者有计划、有目的地创设更多家长参与的情境，促进家长参与班级工作，进而发挥其应有的作用。

二、参与学习

学习是学生在校生活的主要内容，也是家长关心的重点，与其让家长在不知情的情况下焦虑、担忧、胡乱猜测，不如创造机会让他们参与学生的学习。这样既有利于家长了解自己的孩子，同时也可以在家长了解孩子的同时，达到"他山之石，可以攻玉"的效果。家长参与学习的方式有很多，如组建学习小组、制定学习目标、表彰学习优秀等。这里重点谈一下家长如何参与班级表彰。

1. 表彰制度的建立

如何表彰班级学生，班主任当然有发言权，但家长、家长委员会同样有发言权。班主任可以不包揽包干，可以多思考如何挖掘、发挥家长的智慧。班级表彰制度的建立可以交由家长委员会负责，完成之后再交由全体家长投票通过。程序化产生的班级表彰制度既具备了庄重性、严肃性，同时也提高了全体家长的参与度，减少了家校合作的矛盾。

2. 参与具体表彰

班级表彰可以进行得简单随意，也可以进行得隆重严肃。简单随意的表彰，学生虽然获得了奖励，但荣誉感不足；隆重严肃的表彰具备较强的仪式感，家长参与颁奖、发言，更能有效地树立榜样，让表彰具备更加强烈的榜样作用和激励作用。

三、助力成长

在班级管理过程中，班主任开展班级德育工作的主要形式是主题班会，而主题班会的主体也往往是班主任和学生。家长能不能参与班级的主题活动？能不能与学生进行互动？效果会怎样？我以两件事情来证明其效果：①高二（10）班班规讨论主题班会（图片展示，略）。②高二（10）班运动会——生日会环节（课件展示及视频播放，略）。

从这两个活动的效果我们可以看出，家长参与班级主题活动，不仅增强了家长对班级、班主任工作的理解，也在很大程度上提升了学生参与班级主题活动的积极性，教育效果是比较明显的。

四、交流互鉴

习近平总书记说，交流互鉴是文明的本质。对于家校合作，交流互鉴是自我提升的重要渠道。这里所说的交流互鉴包括两种形式：一种是家长与家长之间，以家长学校的形式呈现；另一种是家长与学生之间，以家长进课堂的形式呈现。

家长学校可以由学校层面来组织开展，如学校职业生涯规划中心开展的活动（图片展示，略）。

家长进课堂则可以以班级为单位展开。家长进课堂，家长现身说法，结合自己的学习、人生经历，有主题、专业化地向学生展示自己。这样不仅能够有效地树立家长的形象，增进家长与孩子之间的互相了解，也有利于开阔学生的视野，激发学生的学习兴趣，促使学生对学习做出更有深度的思考。

家长进课堂是家校形成教育合力的一种重要形式，但在组织过程中还应该做到有计划、重细节。做到课前有调查，课中有要求，课后有反馈。

五、建设集体

如何建设一个团结向上、荣誉感强、富有凝聚力的班级，是每一位班主任都在思考的问题。在班级建设的过程中，我们不难发现，活动是凝聚班级的有效手段。但作为班级，主动开展活动的时间、空间毕竟有限，效果也不尽如人意。如果能够挖掘家长资源，生动、灵活地开展班级活动，对班级的建设将会起到极大的促进作用。

六、环境共营

环境共营包括两大块，即班级环境和寝室环境，我们主要讲一讲寝室环境建设。寝室环境决定着学生生活的质量。糟糕的寝室环境留下的不仅是糟糕的生活体验，对学习也将产生不利的影响；反之，则健康身心，促进学习。如何在寝室环境建设过程中发挥家长的力量呢？当然不是让家长越俎代庖，家长的角色是参与者和评价者。寝室环境布置之前，可以召开学生会议及学生家长会议，布置工作并告知工作的意义；在布置过程中，家长可以出谋划策，但要尊重学生的意见；布置完之后，进行评比，邀请家长制定评选规则，担任评委，评选出优秀宿舍。最后召开主题班会，进行宿舍展示并颁发优秀宿舍奖。

从建立组织、参与学习、助力成长、交流互鉴、建设集体、环境共营这六个方面进行家校合作，涵盖面广，能够较为有效地发挥家长在教育中的作用，形成教育合力。欲栽大木柱长天，家校合力方开源。以上一点浅见，不当之处，敬请批评指正，谢谢。

少年当有凌云志，生涯教育正当时

——深圳市第二高级中学生涯规划教育课程汇报

高　志

深圳市第二高级中学（以下简称"二高"）是深圳市政府重点投资建设的市直属全寄宿制高中，地处科技与文化气息浓郁的南山硅谷地带。学校按国家示范性高中标准建设，开阔大气，充满现代气息。学校占地面积10.8万平方米，办学规模60个班，在校学生3000名。创办10多年来，学校实现了高起点、跨越式发展，先后被评为国家级示范性高中、全国学校体育工作示范校、广东省德育示范学校、广东省首批心理健康教育特色学校、深圳市首批德育体育双特色学校、深圳市首批中小学生涯试点学校等。教学成绩连续多年大幅度进步，学校获评"广东省教学质量优秀学校"。学校高考成绩喜人，连续八年荣获市"高考工作卓越奖"。

一、学校实施生涯规划教育的起因与背景

学校在建校之初就认真分析了高中教育存在的突出问题，有针对性地提出"以尊重的教育培养受尊重的人"的办学理念，倡导尊重教育规律、尊重生命成长规律、尊重学生发展差异、尊重教师的创造性劳动。其目的是着眼于学生的长远发展，培养"身心健康有活力，勤奋进取有理想，基础扎实有特长，终身发展有潜能"的学生。学校同时提出了"弘扬生命活力，探求智慧人生，奠基终身发展"的办学方略。

随着学校办学水平的不断提高，学校又提出"真实、扎实、朴实"的"三实教育"思想，倡导学校德育要正视学生的真实问题和真实需要，有针对性地实施真实有效的解决措施和方式，开展扎实的德育工作。正是在"尊重"的教育理念和"三实教育"思想的指导下，我们在教育教学工作中发现了许多需要

改进和提升的地方。而针对这些问题的思考和解决，都越来越强烈地呼唤实施生涯教育。

1. 高考集体无意识下的学习无动力现象

高考集体无意识是指将高考视为一个绝对或终极目标，甚至眼中仅剩下成绩，而不知道要考一所怎样的大学，学一个怎样的专业，更不清楚将来要从事怎样的工作。"人无远虑，必有近忧"，由于缺乏人生目标与意义的思考，高考集体无意识下的学习便经常感到空虚与无力。许多学生向老师抱怨学习没有动力。没有目标，学生自己也常常会感到迷茫，找不到学习的持久动力。这种现象和学生缺乏长远规划有相当密切的关系。当一个人目标明确，渴望实现目标的时候，就会表现出强劲的动力。同时，学生在文理分科、高三毕业选择学校和专业时，也常常会遭遇无法选择或盲目选择的情况，而职业生涯规划就会帮助学生找到自己的目标，帮助学生正确选择发展方向，推动学生努力学习，积极成长。

2. 运动式德育活动的"高空作业"

我们发现，学校的德育工作往往采取"运动式"的教育方式，诸如主题月、响应上级号召等，活动中轰轰烈烈，活动后无人问津。德育活动常常成为上级意志，学生只是"被德育"的对象。教育内容经常是抽象的、空洞的，缺乏针对性和层次性。这种教育内容上的"全面化"和"成人化"，与学生精神需求的多样化、个性化之间存在着很大的差距，很容易使学生产生"抗药性"，甚至产生逆反心理。

德育是学校教育的重要组成部分，学生三年的学习不仅仅是为了高考，更重要的是阳光健康地成长。而当学生和部分教师无法理解教育活动重要性的时候，就会给学校推进教育活动带来一些困难。如果接受了职业生涯的指导，师生就会站在终身发展的角度去思考问题，就会更加积极主动地参与学校的各项活动。同时，生涯教育中的职业道德和价值观教育，也是非常重要的德育内容。

3. 社团组织丰富多彩，却缺少统筹规划

学校在建校之初就非常重视学校社团文化的建设。除教师指导下的校级社团外，学生还可以根据自己的兴趣爱好自建社团。学校有学生社团近80个，每周三下午三、四节课作为学生的社团活动时间。

然而，学生选择社团主要凭自己的兴趣与好奇心，社团组织活动大多流于娱乐趣味性。社团的功能与其说是培养学生的兴趣技能，不如说是缓解学生的学习压力。如何避免学生盲目选择社团，加入社团后缺乏持久的动力？将社团活动与生涯规划结合起来，便成为解决这一问题的有效途径。

4. 高中阶段海外留学的盲目与迷茫

望子成龙、望女成凤是每一位家长的心愿，近几年深圳学生出国留学率越来越高。为了助力学生的留学梦，学校从2010年就开通了留学直通车项目。我们在与众多即将出国留学的学生及其家长的交流中深感学生与家长对于国外高校及专业选择的无奈与迷惘。如何去除这种迷惘和茫然？只有从人生规划的高度来思考留学与高考，才能更加理性地看待和分析留学的价值与意义。出国留学也是人生道路的一种选择。首先要想清楚自己出国留学的目的，建立一个目标，围绕这个目标来规划自己的留学生涯。每一个出国留学的学生都需要花费大量的人力、物力、财力，所以要做一个好的生涯发展规划，让自己顺利地完成学业，全方位地提升自己的能力，学生的留学生涯才会不虚此行。

5. 心理健康活动课的特色探索

学校心理教师反映在多年的高中生心理健康课中，常规课堂教学渐感枯燥与单调。心理活动课缺乏相对明确的教学目标，活动课程尚未形成系统规划的内容。学生普遍感觉心理课有趣好玩，但常常是上了这节课不知下节课讲什么。一个学期下来，也常常不记得到底讲了什么。学校心理教师也想摸索与传统心理课不同的类型和方向。于是，开设生涯规划系列课程便成了探索之路。

正是基于解决学校实际工作中的问题的需要，学校提出以生涯教育为切入点，来统整与解决诸多实际问题。二高的生涯教育走过了缘起与反思、研究与定向、求实与升级三个实践发展阶段，并逐渐成熟且形成了一些特色和亮点。

二、学校生涯规划教育的三个阶段

（一）缘起与反思阶段——学生成长规划（2007—2010年）

学校在2007年办学之初，专门召开了学生成长规划研讨会，由校长担任总负责人，带领全校上下一起研究和探索在学校如何开展学生成长规划。开展学生成长规划的目的是帮助学生对人生进行设计，科学、理性地规划学业生涯，从职业理想、学业发展、特长培养、健体等方面制订合理有效的计划和策略并付诸实践。时任校长邓世平多次强调学校制定学生成长规划的开创性和重要性："我们的工作具有引领性和前瞻性，是非常有意义的！我们的规划可以帮孩子们树立理想与目标，通过规划的实施，让老师在孩子们高中三年的成长过程中进行实时干预，让学生及时进行自我调整，会使他们少走很多弯路，人生的旅程也更为顺畅！"

2007年9月—2010年2月，这两年多是学校学生成长规划从萌芽到发展的时期，也是学校生涯教育的前期雏形。在这两年中，学校曾20多次召开与学生成长规划相关的大小会议，制定了《深圳市第二高级中学学生成长规划》（以下简称《规划》），并13次修订。《规划》共分五部分，包括身体发展规划、学业发展规划、特长发展规划、职业规划及修身规划。每部分都从现状分析、资源支持、规划目标、阶段评估四大方面进行阐述。例如，二高2010年学生成长规划见表1。

表1

维度	目标	实施途径
身体发展规划	健体目标	体育课、健身活动
学业发展规划	终身学习能力的提升，学业目标的规划	课堂上自主管理、自习时间的自主安排、答疑的自主探究，各学科的均衡目标、选科目标等
特长发展规划	发展一至两门自己的兴趣特长	社团活动、课外兴趣小组
职业规划	与高二选科、大学专业选择相联系的职业预备期的规划	生涯课堂指导、学科指导、职场专业人士讲座、社会调研
修身规划	性格、气质、能力、兴趣特长、道德品质、人际交往等发展目标	各种职务，各种社团

在学校开展学生成长规划的前两年多时间里，声势虽然较大，实际进展却非常缓慢。这里存在主观和客观方面的原因。学校经过研讨和反思，主要可以概括为以下两个方面。

1. 有"仰望星空"之志，却少"脚踏实地"之行

有"仰望星空"之志是指学校的领导理念很好、方案设想全面而丰富。然而落到实际的教育教学中时，却鲜有"脚踏实地"地执行。细看《规划》，就会发现这一将学生所有方面都囊括其中的方案，仅有具体目标和罗列的途径，然而具体实施的专职人员却难以确定，职责不明，尤其是当实施人员的教育理念未能与学校理念真正一致时，实践的效果就会大打折扣。

2. 事务繁杂"急"为先，有心无力"要"落空

学校建校伊始，各级检查和评估事务繁多。虽然大家都知道实施学生成长规划的重要性，但比起上级频繁的检查和评比，显然不是那么紧急。再加上学校建校，首要的工作便是严肃校风、校纪，以校风立校。因而，学校德育的重心基本在校纪、校规的规范与执行上。而新来的教师忙于适应新的环境、新的教学内容与方式，鲜有时间对照《规划》来落实学生成长规划。

基于第一阶段实施学生成长规划的经验与反思，学校提出了四个改变措施和方向：将学生成长规划的大帽子换成学生生涯教育的小帽子；将"统一整合"的"大手笔"换成"融入渗透"的"巧用力"；由校长行政强势推进改为课题引领探索；由个人经验引领变成专业理论指导。学校生涯教育进入第二阶段。

（二）研究与实施阶段——生涯规划教育课题研究与实践（2010—2017年）

1. 以科研课题为原点，引领学校生涯规划教育体系的建立

2010年3月，由学校申报的"深圳特区高级中学学生生涯教育体系的构建"课题正式被列为中国教育学会"十一五"科研规划课题"学校心理教育体系的理论建构及心理技术在教育中的应用"的子课题。该课题的立项既是对学校生涯教育取得成果的肯定，也是学校生涯教育迈向新台阶的标志。目前，该项课题已经以一等奖、优秀等第完成结题。

2. 以年级为纵坐标，有重点地开展有针对性的生涯辅导

不同的年级有不同的特点。针对不同阶段的不同问题，有重点地开展生涯辅导，必将事半功倍、切实有效。高一，以文理分科为切入点，对学生进行生涯意识的培养、自我认识的提升、未来职业倾向的了解等方面的教育；高二，以生涯探索为抓手，让学生了解工作的性质、工作的世界；高三，以志愿填报为突破口，为学生介绍大学及专业，对学生进行专业匹配辅导。

3. 以各种教育教学途径为横坐标，开展丰富多彩的生涯规划教育

（1）社团活动。

学校有80多个社团，基本上都是学生根据自己的兴趣填报的。学校鼓励学生将所报社团与自己未来的职业联系起来，在不同的社团里，培养相应的能力，为未来的职业素养奠定基础。

（2）生涯课程。

由学校心理教师开发的"学生生涯团体辅导系列课程"校本课程，深受学生的喜爱。

（3）专家讲座。

针对学生的实际需要，学校打造各种平台。聘请著名生涯规划专家和家长代表来校讲座，以过来人的视角指导学生了解职业规范和未来的职业世界等知识。

（4）专业测试。

学校为每个入学的新生进行"职业能力倾向测试"，为每个新生量身打造未来的职业规划蓝图，并提出专业的意见和建议。

（5）生涯教育宣传。

通过各种主题板报，对高校专业进行介绍和宣传，并根据近年来的高校录取情况，对学生进行志愿填报指导。学校开设"生涯之旅"校园广播栏目，向学生介绍名人和偶像的成长、成功史。每次广播时间约10分钟，每篇广播介绍约为1000字。

（6）留学生涯辅导。

初步建立留学辅导课程体系，为出国留学学生进行心态调整、了解国外文化、培训生活基本技能提供辅导和支持。通过海外校友留学生群、Facebook、微信群等联络方式，建立起在校学生与留学生的联系平台。

4. 反思与总结

从2010年3月课题立项到2017年5月学校成功申报首批生涯教育试点学校，学校生涯教育取得了许多成功和突破，反思和总结经验主要包括如下几个方面。

（1）如何实现"无缝对接"和"融入渗透"？在时间和空间方面，学生的寒暑假是可以被充分利用来体验职业世界的。按照惯例，在寒暑假学校都会组织学生开展关爱行动和社会实践活动。我们将帮扶弱势群体的关爱行动变成体验这些行业的社会实践。比如，学生在关爱行动中常常去慰问孤寡老人，送去温暖和关爱。我们提倡学生去采访相关机构的工作人员，了解他们的工作内容、动机及工作状态，进而了解老年人护理行业，并针对相关问题提出解决方案。

（2）如何挖掘教育教学活动中的生涯教育元素？这要求生涯教育的实施者是眼中有职业，心中有职业的人。比如，学校要对学生进行节约粮食和爱护公共卫生的教育，学生通过拍摄学校后勤服务人员的工作环境、工作时间、工作状态等情况的视频，在深受感动的同时，也间接体验了后勤工作人员的职业世界。

（3）注重生涯规划教育中的体验式学习——让学生看到未来的自己。生涯规划中的体验式学习是指个体身体力行地参与真实或模拟的职业情境，去体验并领悟，进而重新建构自己的知识经验，获得生涯智慧，形成健康的职业态度的过程。学校提出："教材不应该是学生的全部世界，世界应该成为学生的全部教材！"学校通过各种社会实践的措施与途径，增强学生的生涯意识，丰富学生的生涯体验。

比如，"金点子"献大运——让学生体验办大运会。2011年，深圳举办了第26届世界大学生夏季运动会（以下简称"大运会"）。学校紧扣这一重大赛事，组织"金点子"献大运活动。所谓"金点子"献大运，就是学生通过自己的调查思考为大运会建言献策。学生在这样的任务下，可以充分发挥自己的创造力和想象力，参与公共事务，体验与大运会相关的各种行业，尤其是对与创意相关的行业，培养城市主人翁的情怀。在社会实践的过程中，学生是怀着对大运会的使命感去工作的。这种使命感其实存在于每个学生的内心深处——高一和高二2000多名学生深入社会走访调查，范围覆盖深圳八区，共发放问卷20000份，收回有效问卷7000余份，受访人数近30000人，调查涉及50多种职业，涵盖开闭幕式节目设计、点火仪式、场馆后期使用、解决交通堵塞问题等方面。

同时，学校从2017年起，每年举办"生涯大闯关"式暑期主题社会实践活动，高一、高二年级2000多名学生积极走进大学探秘专业，深入职场体验生活，为新学期高中学习生活寻找强大的内在动力。该系列活动已经结出累累硕果，受到《深圳晶报》《深圳晚报》等众多新闻媒体的广泛报道。

（4）注重生涯规划教育中的情感与职业价值观导向。情感是个体内部对外部事物产生的一种主观体验，通过爱来激活个体身心，发展个体的关爱能力，让个体形成对人、对事、对己的社会态度与人格特征，从而对个体起到推动、促进的作用。职业价值观作为存在于人们内心的一种评判尺度，支配着人们的态度，牵引着人们的行为，它是对职业选择、职业评价、职业价值取向等的总体看法，反映了特定的群体或个人对待职业生活的最基本的信念和态度。

比如，2012年的新年晚会，一部叫《二高人》的心理剧让3300名师生为之动容，潸然泪下。一个学生在自己的微博中说："那晚多少人落泪？三分半感动，三分半沉默。三年相伴，一生怀念。谢谢你们！每所学校都有这样的一群人，但有几个能像二高这样讲述？看一所学校，不只看它的荣誉、升学率，更要看它传递怎样的价值取向。阳光、进取、平实、包容，二高，你让200920689爱得深沉！"（200920689是学生学号）心理剧《二高人》以平民视角和纪实手法，真实地反映保安人员、米点王饭堂员工、环卫人员等学校最底层的边缘人群的工作、生活的情境与状态，打破我们对学生惯用的教育和启发的思维，秉持"关注本身就是传递爱与感恩"和"真实的生活是最好的教育"的观点。在记录他们勤劳和辛苦的工作的同时，更突出他们对工作的认真与责任、对生活的乐观与热爱。这一心理剧也掀起了学校师生爱校、敬业的热潮。在网上，这一节目视频被疯狂转载近2000次，反响非常强烈。学生在了解保安、厨师、环卫工人等的职业状态的同时，更建立了一种对最普通、最平凡职业的深厚情感与认同。

又如，带学生参观企业，我们选择了深圳市残友集团，残友集团由郑卫宁先生创办。郑卫宁先生因先天遗传重症血友病致残，13岁之前只能坐地爬行，又因其父亲在"文化大革命"期间受迫害10年，四处流浪，终身未入校门。1982—1991年10年苦读，他获电大中文、法律、企业管理三个大专文凭。1997年，他率5名残疾人，使用一台电脑，在深圳创办"残友"。奋斗15年，他将"残友"发展为拥有"郑卫宁慈善基金会"旗下的9家社会组织、33家社会企业的集团公司，并成为世界级残疾人高科技就业平台。学生在参观完后，内心深受震撼。

我们所倡导的生涯教育，帮助学生进行的职业规划，就是将这种责任感与自身的兴趣、爱好、能力结合在一起的规划和选择。

（5）在生涯规划教育中注重创意能力的培养。简单地说，创意就是创造主意，而创业就是有效运用创意，并让它能够实实在在地在实践中发挥作用。高中阶段，学生的思维水平上升到抽象逻辑思维阶段，逐渐摆脱经验的限制。思维的独立性和批判性有了显著的发展，对所学的知识、社会问题等观点明确、尖锐，有自己的独到见解。他们的想象力有意性地迅速增长，想象中的创造性成分迅速增多，想象的现实性稳步提升。正因为如此，我们在进行生涯教育时特别注重对学生创意能力的培养。

比如，学校举办的首届深圳中学生文化创意慈善拍卖会，共收到社会各界以及学生文化创意精品500余件，由10位专家精心选出14类86件作品参与拍卖，其余400多件进行义卖。本次拍卖会与义卖场共收获31万元善款。深圳市教育局领导给此次活动以高度评价："这场持续一个月的活动本身就是一个创意大手笔，堪称全国第八届文博会的'会前会'，其未来的影响可能很深远。"

又如，学校"'金点子'献大运活动"，受到各届领导的高度肯定和评价。大运会开幕式组委会主任说："现在的学生不得了，完全担当得起深圳市委书记王荣关于大运会'敢想'的评语。"深圳市教育局副局长说："看到同学们的调查研究精神和精彩创意，我非常感动。你们是深圳新文化的希望，未来的杰出人才和诺贝尔奖获得者就将产生在这样的中学生中。你们的活动必将引起广大市民和市领导的关注，对大运会的宣传和教育改革起到引领作用。"

（6）遗憾与不足。学校在生涯课题引领下7年的探索，取得了一些成效。当然，我们也有许多遗憾和不足。主要包括：第一，生涯教育的地位和价值并未真正凸显，仍旧属于德育活动中的"配角"和"辅料"。它主要还是以"渗透"和"点缀"的方式融入学校的教育教学活动。第二,生涯规划教育的理念和价值观在教师层面并未达成共识,没有形成大家普遍的愿景。大部分教师仍没有认识到生涯教育对学生成长的重要性。第三,生涯教育的形式和途径主要还是课堂,主要方式还是间接的教师讲授式,实践体验的学习机会比较缺乏。

(三)求实与升级阶段——成为"深圳市首批生涯教育试点学校""广东省中学生涯教育行动研究项目学校"(2017年至今)

2017年5月,经学校积极申报,深圳市教科院审核批准,学校被正式列为"深圳市首批生涯教育试点学校"。这是学校生涯教育里程碑式的事件,意义重大。从教育局的主管层面来讲,这是领导层面高度重视和全面推进生涯教育的信号,是正式启动在全市中小学推进生涯教育的标志。从学校的实施层面来讲,生涯教育从此成为学校工作的重中之重,开始大力推动。另外,实施生涯教育不仅有价值上的重要性,也有新高考改革带来的紧迫性。深圳市教科院的生涯教育启动也恰逢其时。

深圳市教科院生涯教育项目的负责人闻佳鑫副主任是美国佐治亚大学博士,其研究方向就是生涯教育、教育政策与管理。他对于国际上生涯教育的研究成果与实施情况了如指掌,同时又对目前深圳教育的市情与特点理解深刻。市教科院通过教材编写、生涯试点、师资培训、香港考察、校际交流、学校视导、网络互动研讨、成立协会、成果汇编等多种形式,全方位地构建深圳市中小学的生涯教育生态系统。生涯教育在深圳的中小学遍地开花,广泛而深入地推动和开展。学校也借此"东风",在生涯教育领域大胆探索,积极实践。

2019年3月22日,广东省教育研究院印发了《关于遴选中学生涯教育行动研究项目学校的函》,学校把握机遇,总结生涯教育经验,积极申报;同年9月,顺利通过深圳市生涯教育项目学校专家评审;同年11月,学校顺利成为"广东省中学生涯教育行动研究项目学校"。这是学校生涯教育理论和实践研究相结合的又一重要阶段性成果,学校生涯教育工作再次开启崭新的篇章。

三、学校生涯规划教育顶层设计与组织架构

为更好地开展学校生涯规划教育工作,学校专门成立了二高学生生涯规划教育指导委员会,委员会包括校级领导、相关部门主管行政和相关专业教师,负责整体规划学校生涯教育工作。由校长亲自担任委员会主任,学生处主任担任秘书长。

生涯规划教育指导委员会立足学生生涯发展的需求和教师在开展生涯教育工作中的需要，帮助学校搭建合理有效的生涯教育师资体系和工作模式，选择有效的心理与职业发展测评系统，对学生进行理想指导、心理指导、学业指导、生涯指导和生活指导。生涯规划教育指导委员会下设三个项目中心。

1. 生涯规划课程中心

负责分年级开设高中生生涯规划教育必修课程，增强学生生涯规划意识；开设高中生生涯规划教育选修课程，提升学生生涯规划能力；参与生涯规划教育实践中心和生涯规划教育导师中心的课程设计与整合；实施学生的心理、职业测评，协助生涯规划导师进行学生评价和生涯规划指导工作等，包括兴趣、能力、价值观、性格、优势与劣势等分析和评估，帮助学生进行自我评价和自我认知；筹备成立"人生规划实践课程学院"。

2. 生涯规划实践中心

通过年级、家委会和校友会等途径，组建一支主要由各行各业优秀家长、校友和社会人士组成的专业队伍，来帮助学生对大学专业、社会行业和职业分工进行认知；通过"请进来，走出去"等方式，来协助学生进行生涯职业规划认知与职业体验实践；筹备组建"人生规划实践基地"。

3. 生涯规划教育导师中心

生涯规划教育导师中心负责指导初中生升学、高中新生入校选科、大学招生工作对接、出国留学直通车项目、新高考政策宣讲、大学专业介绍、填报志愿指导辅导等，探索基于统一高考、高中学业水平考试成绩，参考综合素质评价的多元录取机制，来帮助学生进行高考选科指导和高考志愿填报。

各中心由一名年富力强、认真积极的教师负责。各中心通过自荐和筛选的方式，选拔4~7名教师组成团队。各负责人制订本中心的发展规划与工作计划。三个中心相互配合和支持，统一协调推进学校的生涯教育工作。自此，明确了生涯教育在学校教育教学工作中的地位。

四、学校生涯规划教育的师资建设与资源整合

生涯规划教育是一项专业性很强的工作，必须大力加强专业教师队伍的建设。所谓"兵马未动，粮草先行"，学校高度重视生涯规划教育师资队伍建设。

1. 细分岗位与职责，明确专业成长方向

学校通过设置不同的部门岗位和职责来细化不同的任务与专业成长方向，

并制订学习和培训计划。

（1）生涯规划课程中心。

生涯规划课程中心的职责是课程研发与课程实施。生涯课程不仅包括课内讲授课程，也包括课外实践和活动课程。因而，其专业方向和核心素养是生涯教育理论与实践、课程开发、心理学、个体与团体生涯咨询与辅导等。

根据实际工作的需要，生涯规划课程中心团队主要参与了新精英生涯（北京）教育科技有限公司举办的国家生涯规划指导师培训、深圳市首批生涯试点学校师资培训。学校已有8人取得国家生涯规划指导师资格证书。另外，中心成员都具备广东省心理健康教育B证资格证书，学习和掌握了心理咨询的相关理论与技能。下一步，课程中心将重点学习课程开发等课程，为开展工作打下坚实的基础。

（2）生涯规划实践中心。

生涯规划实践中心主要负责学生生涯实践活动的组织与策划。因而，其专业方向与核心素养是活动策划、领导力训练、视野拓宽等。

根据实际工作的需要，实践中心团队主要参与领导力训练项目，学习九点领导力及其在工作中的实践与应用，学习考察香港学校学生生涯教育，了解国际前沿的生涯教育开展状况与经验。

（3）生涯规划导师中心。

生涯规划导师中心的重点任务是对接2018年实施的新高考改革，培养一批能进行学生生涯规划、选科指导和志愿填报指导的师资力量。其专业方向和核心素养是深入了解新高考改革、学生生涯辅导、志愿填报指导等。

根据实际工作需要，导师中心主要考察北京、上海和江浙的试点成功学校，学习他们的新高考改革的成功经验。下一步，导师中心将重点学习生涯辅导和志愿填报指导等技能。

2. 建立研讨机制，在实践中自我提升

"631"个人成长模型，即个人某项专业能力的提升六成来自实践中的训练和经验积累，三成来自个人学习和培训，一成来自高手指点。生涯教育团队的成长不仅仅靠各种参观、学习和培训，更重要的是在生涯教育实践中不断地提升与成长。

三个中心都建立了例会制度，定期举行研讨会议，讨论在实际教育工作中遇到的各种问题，分享各自在生涯教育工作中的心得和经验，大家相互学习，共同成长。比如，王世风老师分享的带领学生"走进名企"活动，他通过整合家长资源，带领本班学生走进大疆创新、华大集团等著名企业，让学生感受与体验名企的敬业精神和工作状态。贾倩老师组织"请进来"系列家长职业讲座，对处于"松懈期"的高二学生进行生涯教育。

另外，三个中心紧密配合，相互支持，形成一个有机结合的整体。比如，生涯规划课程中心通过生涯调查小分队投票选出"二高学生最喜爱的十大职业和专业"。生涯规划实践中心根据学生的职业兴趣筛选家长生涯导师，邀请其来校讲课。生涯规划导师中心的教师则利用其大学招生办资源，邀请专家和教授来介绍大学与学生最想了解的专业。

3. 自荐与选拔相结合，挑选最合适的人

如何在学校开展项目式组织和实施工作？以往惯常的做法是：用自上而下的行政命令式来推动和开展。然而，这样的工作开展方式往往不易激发个体的主动性和积极性，工作容易流于形式，达不到预期的效果。

根据巴特莱的"二八法则"，在某项工作中，20%的核心成员会做出和发挥80%的贡献与作用。对于管理者来讲，最关键的是挑选出这20%的骨干成员，让他们发挥主力作用，再通过他们的辐射作用去带动另外80%的外围人群。在生涯规划教育中心的建立和师资团队的组建过程中，学校充分运用"二八法则"，通过自荐的方式筛选出对生涯教育有参与意愿的教师。然后，学校组织考核团队，进行专业能力、学科分布、岗位职责等方面的评估与考核，选拔出生涯教育团队。最后由主管领导颁发聘任证书，举行受聘仪式。

从目前各团队的投入程度和工作绩效来看，这样的筛选方式效果良好。

在整合家长资源，建立家长生涯导师库的过程中，我们也充分采用上述方法。通过发放家长意向填报书，了解愿意参加生涯导师库的家长名单以及家长可以提供的支持与资源，再根据学校的需要来进行面试和录取。

五、学校生涯规划教育的校本课程建设与实践

课程是实现教育目的进而实现人才培养目标的途径与重要媒介，通过课程介入形式系统地开展职业生涯教育是协助学生生涯发展最有效的途径。生涯发展课程是促进学生生涯发展的最适宜方式。生涯发展课程的总体目标是通过课程的形式来实施生涯教育，以促进学生生涯发展，通过协助学生自我探索，帮助学生进行生涯探索，帮助学生拟定生涯规划和做出生涯决策，促进学生的生涯成熟和潜能开发。

1. 校级常规课程

根据学校对学生生涯规划问卷调查结果，学生在生涯意识上存在对自我认识模糊和对职业缺乏了解的缺点。对自我认识模糊主要体现为认识的表面化和两极化。表面化即对自我的职业价值观、潜能等个性品质中的深层要素缺乏必要的了解和认识。两极化是指迷惘浮躁、妄自菲薄与眼高手低、好高骛远。对职业了解的紊乱体现为对职业世界的无知与功利化思想。无知是指对职业类别、职业的发展趋势等缺乏基本认识。功利化是只追求有名利、权势等"光环"的职业，忽视自身与职业的匹配和职业是否能给自己带来不断的成长与发展。学校依据学生存在的问题和学生的心理特点，结合本学校的特色，整合生涯辅导理论与目的。学校从2010年开始至今，在高一下学期为学生开设生涯规划系列课程，每两周一次。学校生涯规划系列课程见表2。

表2

模块	主题	主要内容
探索自我	生涯设计正当时	生涯设计的重要性
	我是谁	乔哈里窗口
	价值大拍卖	价值观与人生观澄清
	职业能力面面观	职业能力倾向
	我的家庭生涯树	家人对职业选择的影响
了解职业	外面的世界很精彩	职业类别
	左脑PK右脑	文理分科
	职业聚光灯	职业对个人的要求
	模拟志愿填报	了解大学专业选择
发展规划	一分一秒，运筹帷幄	时间管理
	职业大考场	模拟招聘

2. 校级实践体验课程

高中生处于成长发展的关键阶段和职业探索的前期阶段，生涯实践体验恰是学生探索世界、拓宽新视野的有效途径，对于促进学生进一步了解自我、了解职业、了解社会、增强生涯发展意识有着不可替代的作用。学校提出："教材不应该是学生的全部世界，世界应该成为学生的全部教材！"充分抓住这些机会，增强学生的生涯意识，丰富学生的生涯体验。学校利用寒暑假时间，积极组织高一、高二年级全体学生参加生涯社会实践活动。其中，高一年级为生涯闯关之"职场面对面"（见表3），高二年级为生涯闯关之"大学零距离"
（见表4）。

表3

关卡	段位	任务	具体内容
第一关	生涯规划入门	志愿初探	初步了解大学与专业的相关知识
第二关	生涯规划新手	大学初探	确定最心仪、最可能和最保底的大学，通过网络、书籍等了解相关信息
第三关	生涯规划熟手	一日大学生	大学实地考察、生活体验、人物访谈等
第四关	生涯自主达人	家长生涯寄语	家长填写生涯寄语

表4

关卡	段位	任务	具体内容
第一关	生涯规划入门	自我认识	借助自我认识工具、重要他人反馈，认识自我
第二关	生涯规划新手	职业探索	确定最想探索的职业，通过网络、书籍、报刊等媒介，了解相关信息
第三关	生涯规划熟手	职业人物访谈	确定访谈人物，确定访谈内容，实施访谈计划
第四关	生涯自主达人	职业体验	通过职业体验、企业参观等形式，进行实践体验
第五关	生涯自主专家	家长生涯寄语	家长填写生涯寄语

该活动在全校引发学生的广泛参与，家庭和社会反响良好。一个学生在他的日志中写道："我们平常因为忙于书本学习，很少主动去了解爸爸妈妈的工作情况，有的同学是第一次这么深入地与家人探讨职业规划问题，有的同学也是第一次去了解社会上的职业状况。因此，学校组织这次寒假社会实践活动，确实很有意义。正如宋代诗人陆游所说，'纸上得来终觉浅，绝知此事要躬行'。希望今后还可以有机会，开展更多的健康有益的活动，在提高我们书本学习水平的同时，不断增长我们了解社会、服务社会、奉献社会的能力！"

3. 班本生涯课程

经过学校对生涯规划教育的多年推行与实施，生涯规划教育意识逐渐深入人心。尤其是许多年轻的班主任，在班级管理教育中加入生涯规划的主题与内容。他们通过建立班级家委会，凝聚共识，整合资源，在班级里也开设了班本生涯课程。比如，地理科组贾倩老师在担任高二年级班主任时就开展了一系列职业生涯班会课。贾倩老师的职业生涯班会课系列见表5。

表5

序号	主题	时间	主讲人	主讲人介绍
第一讲	职业生涯规划	2017年2月14日	程爸爸	著名职业生涯规划专家
第二讲	时间管理	2017年2月20日	班主任	华中师范大学硕士研究生
第三讲	记者是怎样炼成的	2017年2月27日	朱爸爸	《南方都市报》房产新闻部副主任
第四讲	人力资源管理职业介绍	2017年3月27日	张妈妈	企业管理咨询总监
第五讲	会计人生	2017年4月10日	颜爸爸	长城证券财务部
第六讲	金融人生	2017年4月24日	陆爸爸	深圳前海红岸资本管理有限公司总经理
第七讲	中医之路	2017年5月2日	学长	广州中医药大学在校学生
第八讲	广告设计	2017年11月24日	刘妈妈	北京OMD广告公司

贾倩老师总结了每次班会课的常规操作流程。

（1）提前一周做宣传海报，在班级张贴，让学生了解下周主讲内容。

（2）提前一周收集学生的问题，将问题整理汇总。

（3）提前一周和主讲人联系沟通，反馈学生需求，确定好时间和演讲流程。

（4）做好家委会的宣传工作，邀请家长参加。

（5）提前一到两天准备好音像采集设备，做好音像的采集工作。

（6）准备好话筒和串词，协助主讲人顺利完成演讲。

（7）安排现场问答和会后的小范围见面会。

（8）撰写班会课总结和反思，向家委群汇报专题讲座的完成情况和效果。

贾倩老师在生涯规划课程中心的研讨会上分享了自己的心得与感悟："经过这八次职业生涯规划的组织和策划，我、同学们、家长和主讲人都有了很大的成长。通过和优秀的人交流，我提高了自己的管理水平，得到了家长的认可，获得了同学们的信任。同学们更加明确了自己的目标，有了更多的想法和动力，班级凝聚力也得到了提高，高二（15）班的荣誉感油然而生。家长们在参与的过程中，感觉自己对孩子是有用的，也让孩子有了重新认识自己的机会。主讲们弥补了自己年轻时的遗憾，让孩子在选择专业的道路上不再是眼前一抹黑，他们感叹现在的高中真的和以前不一样，真好。自己要是那个时候也能在这样的班级就好了。"

六、丰富多彩的生涯规划教育活动

二高有一句广为流传的话，"没有高考，这里就是天堂"。10多年来，学校不遗余力地为师生创设了一系列形式多样、精彩纷呈的教育教学活动，让学生快乐健康地成长，教师身心愉悦地工作。生涯教育领域亦是如此，主要体现在以下三个方面。

1. 举办教师主题活动，提升教师生涯规划教育能力

（1）教师讲坛——生涯专家进校园。

2017年12月18日，学校在一楼南阶梯教室开展了一场题为"人工智能时代如何帮助学生选定适合自己的专业"的讲座，讲座嘉宾是深圳大学就业指导中心的李羚颖老师。李老师是全球职业生涯规划师、国家心理咨询师、上海教科院教师生涯培训特邀讲师，多年来一直从事学生生涯规划教育工作，在生涯教育领域久负盛名。整个讲座与时俱进，信息量巨大，例子鲜活有力，给大家留下了深刻印象。讲座结束，很多教师纷纷与李老师交流探讨，均表示意犹未尽、收获颇多，并期待多多开展这样有意义的活动。高二语文组张俊卿老师在讲座结束后说："这样的讲座真棒！可以来一打！"

（2）专题讲座——了解新高考模式。

2018年起，广东省正式实行新高考改革方案。新高考模式打破了文理科的壁垒，可以说真正实现了从"享用"文综、理综"套餐"到三科自主搭配的"自助餐"的转变。但这样的改革也带来了录取模式、考试科目、考试时间、外语考试等方面的变化。学校为了有效地应对新高考模式带来的变化，利用寒暑假时间，组织教师外出考察，学习第一批实施新高考模式的上海、浙江地区中学的优秀做法，并返校集中分享交流。2018年9月，学校教务处李罕主任做了一场主题为"广东省新高考改革方案下的教学变革"的讲座，集中介绍了北京市第三十五中学、福建省长汀第一中学在新高考模式选课走班、学生生涯规划等方面的优秀做法。讲座结束，教师开阔了视野，受益匪浅。

（3）班主任沙龙——交流班级生涯规划教育。

班主任是学生进行自我生涯规划的关键力量，班级是开展生涯教育的重要阵地。生涯规划课程中心设计了班主任生涯教育系列沙龙，包括生涯教育理论与实务、如何开展班级生涯教育活动、如何通过生涯个案辅导激发学生的学习动力、生涯教育在班级管理中的应用经验分享与交流、暑假生涯社会实践动员大会等内容。

这些分享与交流不但丰富了班主任的理论知识，更提供了许多可供参考和借鉴的生涯教育经验，有力地支持了班主任的班级生涯教育工作。

（4）心理课堂——为生涯规划教育提供智力支持。

学校自开办以来，陆续组织了广东省中小学心理健康教育B证、C证系列培训，组织全校教师学习学生心理问题处理方法与技术、中小学心理健康教育课程设计、心理测评与心理档案的建立、学生心理疾病的诊断、问题学生个别辅导与个案设计、教师心理问题及其对策、学校生涯规划教育等知识。系列完整的心理学培训为教师的自我心理保健及有效开展学生生涯规划教育活动提供了强有力的智力支持。

2. 凝聚家校合力，助力孩子生涯规划发展

（1）家长课堂——了解政策，指导发展。

广东高考改革在2018年9月正式推行后，把人生选择前置，让学生从高二甚至从高一就开始考虑毕业后的方向。学生如何最大限度地利用这三年时间做好生涯规划，成为更好的自己？家长作为孩子的重要指路人需要提前了解政策，并指导孩子做好人生规划，助力孩子迈入理想的大学。学校于2018年10月15日邀请深圳大学就业指导中心的李羚颖老师举办了一场主题为"新高考改革，选择从高一开始"的讲座。李老师用鲜活生动的案例、幽默风趣的话语，从新高考政策解读、志愿填报的前提和基础、志愿填报的常见误区、如何助力孩子高考志愿填报四个方面做了一个很好的报告，让家长朋友如坐春风，豁然开朗。

（2）家长生涯寄语——陪伴成长，积极期待。

学生进行生涯社会实践，家长的支持至关重要。我们在学生暑假生涯社会实践手册的最后一关设置了家长生涯寄语环节。具体如下："尊敬的家长，您好！高中阶段是孩子世界观、人生观、价值观形成的关键期，孩子开始思考今后走什么道路，向哪个方向发展，但同时又处于困惑的状态，有许多孩子到了毕业还不知道自己的优势在哪里，不知道报考什么专业。因此，这个时期进行生涯教育，可以使他们认识自我，认识发展前景，助益个人的人生设计与发展。您作为职场过来人，又是最了解孩子的人，对于孩子的生涯规划与发展，您有什么想对他说呢？我们诚挚地邀请您，在关注孩子学业的同时，也关注他的生涯规划与发展。快来送上您的生涯寄语吧。"

家长们在学生暑假生涯社会实践手册上留下了满满的期待与祝福。

（3）生涯教育家长志愿团——整合资源，家校合作。

2018年7月19日，在高一新生报到的新生暑假生涯社会实践动员讲座上，生涯规划课程中心负责人高志老师向家长提出倡议：①让我们不仅关注孩子的学业，更关注孩子的内部学习动力的激发；②让我们不仅关注孩子的今天，也关注孩子生涯规划与发展的明天；③欢迎大家为二高的生涯教育建言献策，并参与到学校教育中来；④欢迎家长们自荐成为班级、年级乃至学校的生涯教育志愿者；⑤欢迎有资源的家长为学校和学生提供或推荐实践的资源或平台。

经过班主任采访、电话面试、背景调查等环节，学校最终筛选出8位家长，成为首届学校生涯教育家长志愿团成员。接下来，学校将通过整合家长资源，将生涯教育实践做得更规范，摸索出更科学的流程和模型，推进学校生涯教育的发展。

3. 创设系列学生活动，启蒙学生的生涯规划意识

（1）学长团"学"海无涯专业集市答疑活动。

2017年1月30日下午，二高举办了一场2000多人参与的"学"海无涯大学专业答疑集市活动。此活动特邀100余名毕业学子面对面地给在校学生介绍所在大学及所学专业。此次活动以集市的形式展开，以期为高中生搭建与大学生沟通交流的平台，通过关于专业、大学环境状况的介绍与答疑，让高中学子增加对心仪大学的认知及对所学专业职业的规划，减少迷茫带来的焦虑，同时为自身的未来提前规划与布局。

为了提升此次活动的成效，生涯规划课程中心专门在活动开始前为前来答疑的校友做了专题讲座《集市答疑的几点建议》，又专门制作了滚动播出的《大学与专业提问指南》，指导在校学生参与活动。该活动每年举行一次，被多家媒体报道，效果良好。

（2）"百家讲坛"——家长进校园开讲座、讲职业。

每学期一月一次的职业讲座由家长志愿者作为开讲人，针对4～5个班级的学生进行职业演讲。前期通过家委会动员和家长会报名招募志愿者，实践中心后期进行筛选与规划及规定主题，选出整学期开讲人，由班主任联系，确定时间后进行开讲。为提高讲座效率及不与年级活动撞车，学校实施学生自愿报名与生涯试点班参与的灵活机制。每期讲座地点在一楼北阶梯教室。目前，学校"百家讲坛"已进行多期，主题包括"金融大世界""人工智能的新发展——深度学习""我的设计之路"等。

（3）如火如荼的职业随手拍。

"最美二高"随手拍活动由心理教师和二高学生会共同策划，号召二高师生用相机拍下心目中的精彩瞬间，记录校园生活的珍贵片段，传递积极向上的校园正能量。5年来，校园随手拍深受广大师生的喜爱，投稿踊跃，影响广泛。2017年的随手拍主题为"劳动者的美"，将相机对准各种职业的工作瞬间，表现出工作状态中的各种美：劳动美、创造美、意境美……当学生学会欣赏这样的美时，他们便多了一份对未来的憧憬，对职业世界的认同与期待。学校还鼓励学生上前去采访，看看能听到怎样的人物故事。通过几句介绍，便升华了相片的主题和情感。职业随手拍得到了师生的热烈响应。

亚里士多德说："当你的天赋与世界的需要相遇时，你就找到了你的召命。"召命不是简单的一份"工作"（work），不是满足谋生的一份"差事"（job），而是整合了志趣、才能与意义的使命（vocation），召命意味着"世界因你而改变"。找到召命才能走得久、走得远，才可能在各种困难、诱惑、迷茫、冲突中最终依然坚守，屹立不倒。

生涯规划教育就是要启蒙学生的生涯意识，指导他们去了解自己的"天赋"——兴趣、能力和价值观，并提供实践体验的机会和平台，支持他们探索"世界的需要"，最后协助他们实现成功和幸福的人生。正所谓少年当有凌云志，生涯规划正当时！